合伙人三部曲
第2部

A PARTNER PREPARES
合伙人的自我修养

张诗信　王学敏◎著

企业管理出版社
ENTERPRISE MANAGEMENT PUBLISHING HOUSE

图书在版编目（CIP）数据

合伙人的自我修养/张诗信，王学敏著.—北京：企业管理出版社，2018.7

ISBN 978-7-5164-1744-7

Ⅰ.①合… Ⅱ.①张… ②王… Ⅲ.①企业经营管理—研究 Ⅳ.① F272.3

中国版本图书馆 CIP 数据核字（2018）第 138079 号

书　　名：	合伙人的自我修养
作　　者：	张诗信　王学敏
责任编辑：	尚元经　李　坚
书　　号：	ISBN 978-7-5164-1744-7
出版发行：	企业管理出版社
地　　址：	北京市海淀区紫竹院南路17号　邮编：100048
网　　址：	http://www.emph.cn
电　　话：	总编室（010）68701719　发行部（010）68701816
	编辑部（010）68414643
电子信箱：	qiguan1961@163.com
印　　刷：	北京市密东印刷有限公司
经　　销：	新华书店
规　　格：	148毫米×210毫米　32开本　8.25印张　165千字
版　　次：	2018年7月第1版　2018年7月第1次印刷
定　　价：	60.00元

版权所有　翻印必究·印装错误　负责调换

前　言

本书是"合伙人三部曲"之二。该系列图书的名字分别是《合伙人制度顶层设计》（2018年3月出版）《合伙人的自我修养》和《合伙人的管理与培养》（即出）。这三本书的名字清晰地反映了各自的定位：第一本论述企业应如何站在系统的高度，来设计出长期有效的合伙人制度；第二本论述人才在成为企业的合伙人以后，应如何全面地修养自身的能力素质；第三本论述企业应通过哪些有效的管理手段，来强力确保合伙人的持续成长。

毫无疑问，我们在此要介绍的是第二本书。之所以要撰写本书，是因为大量的企业在实行合伙人制度时，并不总是只吸纳那些能力素质完全合格的人才作为合伙人。大多数企业的做法是：通过先改变人才们的身份（把那些"大致靠谱"的人才吸纳为合伙人），来促使人才们的能力素质提升，以便与其作为公司合伙人的身份相符。如此，便出现了两个问题：合伙人应具备的能力素质是什么？合伙人应如何提升自身的能力素质？本书就是围绕这两个问题而展开的论述和给出的建议。

我们认为，任何一家公司的合伙人所应具备的能力素质都包括以下五个方面。

- 职业价值观
- 业务能力
- 团队管理能力
- 沟通协作能力
- 学习能力

合伙人的这五项能力素质越强，对其所在公司和其自身的价值/意义越是正面，反之便越是负面。提升合伙人这五个方面的能力素质，一个重要的途径就是，让合伙人在正确的理论和方法指引下持续地进行自我修养（还有另一途径同等重要：通过组织干预来确保每一位合伙人"不得不"从这五个方面满足企业的要求，这将是《合伙人的管理与培养》一书要解决的问题）。

本书提供了一套帮助众多的合伙人进行自我学习与成长的思维工具与实用方法。

首先，在本书中，我们运用"红黄绿灯法则"（类似于交通信号灯），与上述合伙人应具备的五项能力素质相结合，提供了如下图所示的思维工具。

	职业价值观	业务能力	团队管理能力	沟通协作能力	学习能力
红灯					
黄灯					
绿灯					

这一思维工具的意思一目了然。当一位合伙人的某项能力素质不佳时，可以认为其该项能力素质处于红灯状态，而处于红灯状态的能力素质，是与其作为合伙人的身份完全不相符的。当一位合伙人的某项能力素质处于一般水平时，可以认为其该项能力素质处于黄灯状态，而处于黄灯状态的能力素质，是与其作为合伙人的身份不完全相符的。当一位合伙人的某项能力素质比较优良时，可以认为其该项能力素质处于绿灯状态，而处于绿灯状态的能力素质，才是与其合伙人身份完全相称的。所有的合伙人运用这一思维工具，都能大致清晰地对其自身的每一项能力素质现状进行"对号入座"。

进而，合伙人可以结合本书提供的相关观点与论述，知道或找到自己应该努力的方向和注意要点。

需要特别说明两点。其一，我们不建议任何人运用本书提供的工具来评估任何其他人的能力素质，因为本书中并没有提供实施"他评"的方法建议。读者若"擅自"将相关工具与方法运用于评估他人，则极有可能会导致误判，并因此有可能对被评估对象造成一定程度的伤害。我们提出这一工具和方法的全部意图是，促使合伙人进行自我反思与改进；我们认为启发每一位合伙人进行自我思考与修养，远比通过给他们"贴标签"来促使其上进的效果要好。

其二，本书是第一本专门论述合伙人自我修养方面的著作，书中给出的绝大部分思想、观点、方法与工具均属于作者原创。作为"第一个吃螃蟹"者，我们对书中给出的思想、观点、方法与工具可能有失偏颇或存在缺陷而感到诚惶诚恐。为此，我们恳请读者朋友们在阅读本书的过程中，如发现任何问题或存在任何疑问，都不吝与我们联系，以便我们在随后的版本中予以完善和修正。

张诗信　王学敏
2018年6月1日于上海

目 录

第一章 | 企业对合伙人的期望 ………… 1

1. 实行合伙人制的目的 …………… 3
2. 合伙人制对人才的价值 …………… 10
3. 对合伙人的四个期望 …………… 17
4. 如何让合伙人满足期望 …………… 21

第二章 | 五项修养的来源 ………… 31

1. 工作的目的 …………… 33
2. 职业生命周期及命运曲线 …………… 41
3. 影响职业命运的五大因素 …………… 50
4. "殊途同源"原理 …………… 56

第三章 | 修养1：职业价值观 ········ 63

1. 关于职业价值观 ·················· 65
2. 职业价值观的评价标准 ·············· 75
3. 职业价值观的"红黄绿灯" ············ 79
4. 合伙人应有的职业价值观 ············ 87
5. 自我评估与改善计划 ··············· 95

第四章 | 修养2：业务能力 ·········· 99

1. 对业务能力的认知 ················ 101
2. 业务能力的评价指标 ··············· 111
3. 业务能力的"红黄绿灯" ············· 115
4. 合伙人应有的业务能力 ············· 122
5. 自我评估与改善计划 ··············· 133

第五章 | 修养3：团队管理能力 ········ 137

1. 团队管理概述 ··················· 139
2. 团队管理能力的评价指标 ············ 157
3. 团队管理能力的"红黄绿灯" ·········· 163

4. 合伙人应有的团队管理能力 ………… 170

　　5. 自我评估与改善计划 ………………… 175

第六章 | 修养4：沟通协作能力 ………… **179**

　　1. 理解沟通协作能力 …………………… 181

　　2. 沟通协作能力的评价指标 …………… 191

　　3. 沟通协作能力的"红黄绿灯" ……… 195

　　4. 合伙人应有的沟通协作能力 ………… 202

　　5. 自我评估与改善计划 ………………… 207

第七章 | 修养5：学习能力 ……………… **211**

　　1. 重新认识学习 ………………………… 213

　　2. 学习能力的评价指标 ………………… 226

　　3. 学习能力的"红黄绿灯" …………… 232

　　4. 合伙人应有的学习能力 ……………… 239

　　5. 自我评估与改善计划 ………………… 244

附录 | **最后的四点建议** ………………… **248**

第一章
企业对合伙人的期望

- 实行合伙人制的目的
- 合伙人制对人才的价值
- 对合伙人的四个期望
- 如何让合伙人满足期望

企业为什么要推行合伙人制？实行合伙人制以后，对合伙人有哪些期望？了解这两个方面的内容，是合伙人自我修养的基础。

　　大多数企业在推行合伙人制时，对这一制度的作用的认知大致可以归纳为四个方面：一是认为它具有吸引优秀人才加盟的功能；二是认为它可以真正有效地激励人才与企业一同长期奋斗；三是认为它可望确保人才的收获与付出成正比；四是认为可以促使外部投资商、政府机构、新闻媒体和供应链伙伴对本企业的评价更趋于积极正面。

　　然而，实行合伙人制能否实现企业的期望，将极大程度上取决于参与合伙的人才们的思维、心态和行为结果表现。于是，所有实行了合伙人制的企业，无不希望其合伙人做到：①更有归属感和忠诚度；②更有使命感和责任心；③更有投入度和创造性；④更有合作意识和学习意愿。企业之所以对合伙人有这四种期望，在极大程度上是因为，这四个方面的效应没有（也不会）因为企业推行了合伙人制而自动出现。

1. 实行合伙人制的目的

合伙人制度可以适用于两大方向：一是企业与供应链合作伙伴之间，二是企业与内部人才之间。由于本书的中心议题是内部合伙人的修养，故而我们讨论问题的范围将严格限定在后一个方向上。

企业为什么要实行内部合伙人制？对于这一问题，即便是已经实行了这一制度的企业，也未必能够清晰地作出回答。这是因为，内部合伙人制作为一种全新的人才管理思想与实践方式，各类企业都还在"摸着石头过河"，管理理论家们也还没有来得及给出精准的定义。我们在此之所以要议论这一问题，是因为只有对此建立清晰认知之后，我们进而才能更有效地理解企业在"客观上"对合伙人存在的期望或要求。

共同的特征

我们的观察显示，现实中各企业采取的内部合伙人制无论是形式还是内容，都存在较大差异。比如，华为、海尔、阿里巴巴、复星、小米的合伙人制就有很大的不同；即便是在同一行业内，不同的企业所实行的合伙人制也是存在差异的，比如同是房地产公司的万科、碧桂园、绿地、万达，它们的合伙人制也有很大的不同。

然而，无论各企业所推行的内部合伙人制在形式和内容上如何千差万别，有一点却是共同的，那就是所有企业推行内部合伙人制，都是试图通过一定的股份机制设计，谋求与特定的内部人才之间建立起"事业共同体""利益共同体""命运共同体"。因为企业相信，通过这一制度设计可以使企业与特定人才之间的关系更加紧密与持久，这既有利于企业的发展，也有利于人才们实现自身的职业梦想。

因此，利用"股份机制"来强化与特定人才之间的合作关系，是所有合伙人制的核心内容。只是，不同企业所采取的股份机制的内容、形式和配套政策设计不尽相同。

有的企业采取实体股份激励，有的企业采取虚拟股份激励，有的企业采取实体股份期权激励。

有的企业按"市场"价格向被激励对象授予股份，

有的企业则是以象征性的价格向被激励对象授予股份。

有的企业采取全员持股模式（全员持股并不是所有员工人人都持股，而是所有员工都有机会持有公司股份，但只有在满足了相应条件后才会被授予公司股份），有的企业采取的则是极少数精英人才持股的模式。

有的企业专门设置了内部员工持股平台，有的企业则没有意识到设置持股平台的价值和意义。

有的企业采取了严格的合伙人贡献考核标准，并基于贡献考核来决定合伙人利益及身份的升降进退，有的企业则仅仅采取的是单纯的股权激励……

由此可见，无论各企业的合伙人制有什么不同，让被激励对象持有公司股份这一点是共性的（不涉及股份机制的所谓"合伙人制"，只是"挂羊头卖狗肉"的骗人把戏）。

合伙的目的

大多数企业之所以要推行内部合伙人制，表面上看来，是要通过员工持股计划来激励人才，但我们认为，其深层次的动因则是，希望运用这一制度来解决企业所面临的趋势性的人才管理问题。

企业所面临的"趋势性的人才管理问题"是指，现实中几乎每一家企业都在经受着企业间频发的"人才争夺战"和"人才保卫战"的困扰,而且这种困扰是看不到尽头的。

所谓"人才争夺战"是指,几乎每一家企业为了自身的发展,都在想千方设百计地吸引其他企业的人才;所谓"人才保卫战"是指,面对其他企业的人才争夺行为,几乎每一家企业都在想千方设百计地保留自己的人才。

企业间围绕"人才"这种资源而展开的"争夺"和"保卫"行为,就像是看不见的"战争",故又称为"人才战"。因为参与"人才战",现实中的绝大多数企业都不同程度地陷入了三重困境:一是用人成本急速上升,但用人的效率却并没有同比例增长;二是企业间竞相提供更好的条件来获取和保留人才,但由于其他企业也在这么做,故其效果复归于零;三是如果放弃"人才战",必将导致企业发展停滞。

面对上述困境,企业只有两种人才管理制度可供选择:要么继续实行经理人制,要么采取合伙人制(没有第三种选择)。而大多数企业已经意识到,继续采取职业经理人制这条路是走不通的。因而,在种种因素的共同作用下,越来越多的企业选择了合伙人制。

众所周知,股东和经理人实际上是一种委托代理关系,即股东委托经理人经营管理资产。然而,在这种委托代理关系中，由于信息不对称，股东和经理人之间的契约并不完全，需要依赖经理人的"道德自律"才能保护股东利益。但是，由于股东和经理人追求的目标并不是完全一致的——股东希望其持有的股权价值最大化，经理人则希望自身的当期利益最大化，于是，股东们便希望通过设计和运用一定的激励与约束机制，来引导和限制经理人的行为。

在传统上，股东对经理人的激励主要是工资和奖金。工资通常是根据经理人的资历和能力条件、行业薪酬水平以及公司的具体情况来确定的。工资也称为"无责任底薪"，即无论经理人干好干坏，无论公司的盈利情况如何，只要经理人正常上下班，其工资是可以照拿的。因而，工资与公司的业绩几乎没有什么关系。

奖金一般与目标业绩的考核挂钩，因此与公司的短期业绩表现关系密切，但与公司的长期价值关系并不明显。经理人有可能为了短期的财务指标而牺牲公司的长期利益，而股东则不仅关心公司的短期利益，并且还更为关心公司长期价值的增长。尤其是对于成长型的公司来说，股东更为关心的是公司长期价值的增长，而不仅仅是短期财务指标的实现。

基于上述原因，为了使经理人关心股东利益，需要使经理人和股东的利益追求尽可能趋于一致。于是，以股权激励为核心内容的合伙人制便成为人们一致认为较好的解决方案。也就是说，让经理人在一定时期内持有公司股权和享受股份收益，并以一定的方式承担风险，可以使经理人在经营管理过程中更多地关心公司的长期价值，从而可以防止经理人的短期行为。

从理论上讲，对经理人和其他员工实行股权激励有三大直接作用。其一，增加其身份认同感。人们普遍相信，通过授予经理人和其他员工以股权，可以使他们抛弃"为老板干"的想法，建立"为自己干"的思维，这种职业思维的转变可以使他们对企业更加忠诚。

其二，建立共同责任。人们普遍相信，通过授予经理人和其他员工以股权，可以使人才们意识到企业有自己的一部分，只有勇于和主动承担企业经营管理的责任和风险，才能更好地维护企业和自身的利益。

其三，有利长远发展。人们普遍相信，通过授予经理人和其他员工以股权，可以避免个人利益与团队利益、部门利益与整体利益、当前利益与长远利益的矛盾，从而避免或减少人才们的短视、自私与非理性行为的发生。

在大致有了以上认识之后，加上众多标杆企业的示范作用，近几年来人们便逐渐达成了这样一种共识：用合伙人制替代传统的经理人制，已经是时代发展的大势所趋；只有实行合伙人制，才能一揽子地解决企业所面临的人才招、用、育、留问题。

的确，大量标杆企业的成功实践已经反复证明，在合伙人制度设计严密而有效时，该制度的确能够极大程度地解决企业在人才招、用、育、留四个方向上面临的一系列问题：可以更有效地吸引优秀人才加盟，因为采取了合伙人制的企业对优秀人才更具吸引力；可以更有效地激励人才，因为实行合伙人制以后可以使人才们更具服从性和责任心；可以使人才培育更具效率，因为在人才们有了足够的服从性和责任心之后，他们的学习愿意会更为强烈，成长性也会更好；可以更有效地保留优秀人才和剔除有问题的员工，因为有效的合伙人制度本身具有"良币驱逐劣币"的功能。

当然，并不是每一家选择了合伙人制的企业都是高度理性的，或者说，都是有意识地在运用这一制度来系统化地应对趋势性的人才管理问题。尽管有许多企业在推行合伙人制时，并没有考虑宏观和复杂的时代性背景因素，而仅仅只是基于一个朴素的想法：用合伙人制来解决对特定人才的激励问题。

关于企业选择合伙人制的背景分析，我们在《合伙人制度顶层设计》一书中已有大量论述，对相关理论问题感兴趣的朋友可以阅读该书。

2. 合伙人制对人才的价值

我们的观察显示,许多推行了合伙人制的企业,是跟着标杆公司以及自己的感觉走的。它们虽然在合伙人制度或股权激励计划设计上花足了心思,动足了脑筋,但却并不能向自己的人才们全面和清晰地说明,实行合伙人制对他们究竟具有怎样的价值和意义。

这些企业之所以说不清楚合伙人制对人才们所具有的价值和意义,往往是因为它们"没想那么多"。它们只是感觉到,实行合伙人制不仅对企业有好处,而且对人才们也肯定是有好处的。

我们的研究显示,合伙人制可以给参与事业合伙的人才们带来四个方面的价值与意义:既有的利益并不受影响;可以增加多重股份收益;工作的精神回报增加;有益于个人的职业发展。对此四个方面的价值与意义建立必要的认知,将有助于人才们珍惜来之不易的事业合伙机会。以下是对这四种价值与意义的简要说明。

▶ 既有利益不受影响

传统意义上,人才从职场上能够获得的直接经济利益通常可归纳为三个方面。

- 基本薪酬
- 福利待遇
- 绩效奖金

基本薪酬是指员工每月固定可以拿到手的金钱收入，它通常由无责任底薪、职务或岗位津贴等构成。员工的该项收入一般是由所在公司的内部薪资政策（参照当地政府部门出台的相关法规而设计）决定的。大多数公司除了其一线劳务型员工以外，其他员工的基本薪资通常会远高于法定的最低薪资水平。

福利待遇是指员工在基本薪酬之外享受到的社保、商保、免费或低价住房、免费或低价餐饮、免费交通等等。这些福利项目通常并不以现金的方式直接支付给员工，但却是员工可以立即或延期享受到的收益。这部分收益往往也是由政府法规和公司内部政策来共同决定的。

绩效奖金又可以称为绩效工资或业绩奖金或业绩提成。这部分收益的多寡，完全是由公司内部政策决定的。影响一家公司绩效奖金政策的因素有很多，通常既包括对员工出勤率的要求、对员工加班时间的要求、为员工设置的绩效目标以及考核标准，也包括公司的整体盈利情况、公司愿意拿出来让员工分享的奖金总额，还包括公司参与奖金分配的人员数量，等等。

企业实行了合伙人制以后，参与事业合伙的人才们在上述三个方面的收益一般说来不会减少，不但不会减少，甚至还极有可能增加。道理很简单，如果实行了合伙人制以后，所有合伙人都如企业所期待的那样，能够更具责任心和忠诚度，能够竭尽全力地工作，那么企业一定会发展得更好，而企业发展得更好，一定意味着全体员工的基本薪酬、福利待遇和绩效奖金水涨船高（这也是为什么优秀大企业的员工收入普遍高于普通企业的原因）。

新增股份收益

这才是真正诱人的方面，除非企业或合伙人根本看不到或不相信这方面的收益。这方面的收益又可分为以下三个层面。

- 经营性股份增值收益
- 管理性股份增值收益
- 融资性股份增值收益

大多数企业都会笼统地让人才们知道，参与事业合伙有可能给他们带来巨大的财富，但通常并没有清晰地阐述"巨大的财富"究竟从何而来。因而，为了让大家对合伙人制可能给合伙人带来的财富效应有更具体的认知，我们认为有必要进行提示性说明。

经营性股份增值收益

由于合伙人持有公司股份，公司因经营而导致的资产增值，必然也就会导致合伙人所持公司股份的增值。

导致公司经营性股份增值的因素包括：正常的经营利润，有效的投资行为，有效开展新业务，有效开拓新市场，推出新的畅销产品，等等。

还有一个常常被忽视的情况是，即便一位合伙人所在的部门或岗位并没有或并不能为公司的经营直接带来资产增值效应，公司其他任何部门和个人（比如在美国的业务部门、在欧洲的某些员工）对公司的经营发展有贡献，都有可能导致公司所有合伙人个人所持股份增值。

管理性股份增值收益

由于合伙人持有公司股份，公司在任何方面的管理效率提升，都将导致合伙人个人股份收益的增加。

比如，公司引进了优秀的人才、采取了某项降低成本的举措、引进了某种可以提升效率或产品质量的技术/管理方法等等，都有可能导致公司的成本降低、效率提升或质量改进，而任何有效的管理举措，只要对公司的盈利和发展有贡献（盈利是当下的利润增加，发展是未来的盈利趋好），都将意味着个人所持公司股份价值的增加。

融资性股份增值收益

融资性股份增值收益通常包括两种情况，即一级资本市场融资和二级资本市场融资导致的资本增值收益。

一级资本市场融资导致的资本增值收益是指，发展势头向好的公司（特别是优秀的创业公司），在发展过程中需要对外进行股权融资时，出售给投资人的股份价格，通常会远高于其每股股份的净资产价值。这意味着，在企业进行股权融资的过程中，每一位合伙人都将从中受益，而这种收益有可能直接以现金的方式回报给每一位合伙人（比如公司出于某种考虑，愿意在有投资人购买公司股份的情况下，让合伙人以较高的价格将其所持股份中的一部分直接转让给外部投资人），更有可能只是反映在公司股份的账面溢价方面，也即是每一位合伙人个人所持股份的价值增加。

二级资本市场融资导致的资本增值收益是指，公司一旦成功IPO（首次公开募股），通常意味着合伙人所持股份的价值将大幅度增值，其增值幅度最少在10倍以上，多的可高达100倍以上。这一点大家都知道，故无须赘言。现实中有大量公司的中高级合伙人个人，动辄身价几个亿、十几亿甚至几十亿、上百亿。他们个人财富中的绝大部分，并不是来源于其从公司获得的工资性收益（含基本薪酬、福利待遇和绩效奖金），而是来自他们所持有的公司股份在二级资本市场上的资本增值。

精神回报增加

工作的目的不仅仅是为了赚钱，许多人所看重的是工作的意义。通常，能力素质层次越高的人越是看重工作的意义，因为对他们来说，赚钱已经不是什么大问题。他们几乎无一例外地会有这样的认知：金钱只是有效工作的副产品。事实上，即便是最普通的员工，也会一定程度地在乎工作的意义。比如，一位负责在公司打扫卫生的阿姨，也会在乎自己的身份，在乎人们怎么看自己，在乎自己是否被尊重，在乎当下的工作对自己未来生活的意义，等等。

作为公司的合伙人，最大的意义在于：公司有自己的一部分，公司对自己的倚重度和期望度增加（公司对自己的期望越高，说明自己的潜在价值越大），自己不再是打工者，自己与普通员工的身份有差别，家人和朋友对自己的评价将会更好，只要自己努力工作便可以长期保有工作，等等。

有益于职业发展

成为合伙人,在极大程度上意味着要终身效力于一家企业(中途退出也是正常的,正如婚姻的初衷是"百年好合",但因各种原因而离婚也是合法合理的)。终身效力于一家企业,具有两个方面的重大意义。

其一,意味着再也无须到处寻找工作机会,因而避免了转换工作可能导致的风险。

其二,意味着个人的潜在能力和价值可以得到更有效的开发。当一位合伙人因为持有公司股份而持续地效力于公司时,意味着他只能把自己的全部身心投入到一个事业方向上。当他这样做时,意味着他对公司各方面的事务都非常熟悉,他的专业能力会因此而达到最优,这是有利于他在公司内部建立竞争优势的。反过来说,如果一位员工仅仅只是雇员,则很有可能他会由于缺乏安全感或期望找到更好的工作机会,而不能全身心地投入到工作之中,或者很有可能他会心猿意马、"人在曹营心在汉"、经常被外部的种种工作机会所诱惑等等。如此一来,他便不能把当下的工作做到最好,因而他的能力很难得到有效开发,他也就无法取得最大化的职业成就。现实中,许多"聪明人"之所以最终不能获得职业成功,原因就在于此。

3. 对合伙人的四个期望

老板之所以愿意拿出一定比例或数量的股份让公司里特定的人才们分享，无一例外是基于这样的朴素想法：让人才们持有公司的股份，可以促使他们对公司充满信任和信心，进而大家心往一处想、劲往一处使；这样，公司的"蛋糕"才能做大；"蛋糕"做到足够大以后，尽管老板的股份比例减少了，但实际得到的"蛋糕"不减反增。老板的这一朴素想法和愿望是令人敬佩的，因为并不是所有的老板都能有如此胸襟和胆识，现实中大量的老板在这个问题上连账都算不过来，更别说与员工共享公司发展红利了。

大多数现代型公司的股份由四类人群所持有：公司的创始人团队、外部投资人、内部人才团队、供应链伙伴或其他利益相关者。一个简单的数学常识是：公司的总股份为100%，参与分配（持股）的人越多，每一个人所持股份的比例会相应越少。而且，随着公司不断发展，出于更好更快发展的需要，公司一般还会不断引进新的股东、投资人、人才和其他利益相关者。这意味着，每一位原先持有公司股份的人所持有的股份比例必然会不断减少。对于任何一位老板而言，减少自己的持股比例，在某种意义上意味着自己对公司控制权的相对减弱，而老板们之所以又愿意这么做，是有其内在逻辑的。

这个逻辑便是：老板（包括企业其他股东）拿出一定比例或数量的股份，授予公司里的特定人才们，被授予股份的人才们就有望在以下四个方面表现更佳：一是归属感和忠诚度，二是使命感和责任心，三是投入度和创造性，四是合作意识和学习意愿。

老板们的想法是，如果被纳入合伙人序列的人才们在以上四个方面的确能如己所愿，那么便必然意味着企业经营绩效的不断提升，最终企业会发展得越来越好；因为企业发展得更好，尽管股东们为激励人才而出让了一部分股份，但股东们的长期收益则会因此而更大。

归属感和忠诚度

实行了合伙人制的企业老板们无不期望，人才们能够充分认识到，他们不再是打工者，而是在做自己事业的主人。老板们相信，一旦人才们有了这种认知，便意味着他们更有归属感，以及对企业会更加忠诚（从而不再在本企业之外寻找其他职业发展机会）。

当人才们有了归属感和更加忠诚于企业时，不仅对企业的发展有好处，对其个人职业发展也有好处。老板们进而会想当然地认为，当合伙人群体有了这种认知和表现以后，也势必会正面影响公司内部其他员工、外部人才和其他利益相关者对公司的看法。

使命感和责任心

实行了合伙人制的企业老板们无不期望并相信，人才们一旦有了归属感和更加忠诚于企业，他们为了自身的利益抑或是共同的利益，便会更加认同和自觉践行公司既定的使命、愿景、价值观，进而必然会更加尽心尽力，尽职尽责。

投入度和创造性

实行了合伙人制的企业老板们无不期望并相信，因为有了上述归属感和忠诚度、使命感和责任心，每一位合伙人便会在工作上尽心竭力，并且不再计较个人眼前的利益得失，因为他们明白，只有这样公司才会发展得更好，个人最终才会获得更大的回报。

与此同时，他们必然会穷尽所能地在各自的岗位上努力创造最佳的工作业绩，因为创造更佳的工作业绩不仅对公司有好处，最终对自己也有好处（同时，他们将会明白，为创造更佳业绩而付出努力的过程，将会极大地开发出自己的潜在能力；有了更强的工作能力，他们未来的工作舞台会更大，个人的职业收获也会更丰厚）。

合作意识和学习意愿

实行了合伙人制的企业老板们无不期望并相信，当每一位或大多数合伙人有了上述归属感和忠诚度、使命感和责任心、投入度和创造性以后，他们的团队合作意识和个人学习意愿也会因之而提升。因为他们很快会明白：更有效的团队合作不仅符合公司利益，也符合自身利益；积极、主动和有效地学习新的知识和技能，并将其应用于工作实践，不仅对公司的发展有益，而且还可以维持甚至提升自己的收益、尊严和荣誉。

老板们同时期望并相信，合伙人的上述表现将会正面影响内部其他员工、外部人才和其他利益相关者（投资人、供应商和客户）对公司的看法。

4. 如何让合伙人满足期望

然而，一个普遍的事实是，企业或老板们之所以对其合伙人有上述期望和要求，在相当程度上是因为，合伙人的上述意识和行为不会因为企业推行了合伙人制度而自动、轻易地发生。如果能够自动、轻易地发生，便无所谓期望和要求；换言之，因为难得，所以才抱以期望和要求。

三个问题

为什么说企业推行合伙人制以后，其合伙人的意识和行为不会自动、轻易地满足企业的期望呢？这是因为：人性是自私和短视的，习惯的势力是强大的，新的能力素质是无法快速建立起来的。下面逐一说明。

人性是自私和短视的

我们的大量观察和研究显示，企业推行合伙人制面临的最大威胁，来自于人性的两大弱点：自私和短视。自私，是指每一个人都本能地从自身利益的立场出发来考虑问题，特别是在自身利益与团队（企业）利益发生矛盾时，大家都会本能地维护自身的利益。短视，是指每一个人都更加关注自身的短期利益得失，特别是在短期利益与长期利益发生矛盾时，大家都会倾向于获得或保护自身的短期利益。

本质上讲，来自人性的自私和短视是合伙人制的"公敌"，因为合伙人制要求每一位合伙人具有共同利益和长远利益意识，只有大家一致追求共同利益和长远利益，最终每一个人才能得到更大的个人利益。

在这个意义上讲，如果企业不能有效地应对这两大来自人性的弱点，而是任其自由蔓延，则很可能致使合伙人制事倍功半，甚至于效果全无。企业应防范人性的这两大弱点对合伙人制度可能造成的破坏或阻碍，其必要性还在于，人性的弱点看似无影无形，但却具有极大的潜在破坏力，正如蚂蚁虽小，却可能对"千里之堤"构成致命威胁。

习惯的势力十分强大

我们每一个人都有这样的生活经验：一旦一个人养成了某种习惯，他在未来的时间里便很难改变。比如，当一个人爱占小便宜，并且屡屡如愿以偿时，他便会养成占小便宜的心理和行为习惯。一旦养成了这种不好的心理和行为习惯，那么在随后的时间里，一旦碰到可以占小便宜的事情，他便可能会"故伎重演"。虽然他也有可能在未来的某个时间，出于某些原因，意识到占小便宜的心理和行为不好，因而会有意识地管控自己，但是他已经形成了爱占小便宜的思维、心理和行为习惯，他极有可能最终又会回到爱占小便宜的老路子上去。

又比如，当一位员工通过多次跳槽而获得了加薪升职机会时，他就可能会养成跳槽的心理和行业习惯。一旦这种习惯被养成，他便很难全身心地投入到当下工作中。当在工作中碰到较大的问题，或者碰到来自外界的机会诱惑时，他的习惯就会指引他继续选择跳槽。即便他偶尔也可能意识到频繁跳槽将对自己长期的职业发展不利，因而会在某一个时间段里具有某种"自控力"，但当工作压力或外部诱惑力足够大时，他极有可能还是会继续选择跳槽。

我们不得不承认一个事实，绝大多数合伙人在成为合伙人之前，都是雇佣制下的员工（或经理人）。他们中的很多人已经养成了与雇佣制相匹配的职业思维、心态和行为习惯，指望公司一推行合伙人制，他们就能脱胎换骨，立即具有合伙人应有的思维、心态和行为，这是不现实的。即便他们意识到合伙人制对自身的价值和意义，并且在企业的要求下愿意改变自身既有的思维、心态和行为，但由于习惯势力十分强大，他们往往很难做到。换言之，如果他们在雇佣制下已经养成的职业思维、心态和行为习惯不能真正地改变，则企业推行合伙人制的效果必然相应打折扣。

建立新的能力素质不会一蹴而就

理论上讲，当一个人具有了新的突破性的能力素质以后，他旧有的"坏习惯"就有可能得以改变。比如，一个习惯占小便宜的人，如果他发展出了某种独特的专业技能，因而能够给他带来大量的金钱收入，在这种情况下，他很有可能会抛弃爱占小便宜这个坏习惯。又比如，一个习惯性跳槽的人，如果能够在其所在的专业领域发展出独一无二的技能，以至于他所在的组织高度倚重于他，在这种情况下，为了避免他跳槽，组织极有可能给他加薪升职，他也就有可能从此忠诚于当前工作的企业，不再随意跳槽了。

然而，我们不得不说，一个人要想建立起足以改变其既有的习惯性思维、心态和行为的能力素质，其实并不容易。这是因为两点原因：其一，当一个人已经有了某种习惯性的思维、心态和行为时，指望他自觉自愿地建立起足以消除既有习惯的某种新的能力素质，其实是很难做到的；其二，即便一个人有可能在自觉自愿的情况下，通过建立新的能力素质来改变旧有的坏习惯，也绝非一日之功，不可能一蹴而就。

三管齐下的策略

基于以上认知，我们认为，企业只有采取图1-1所示的三管齐下的策略，才能确保合伙人的思维、心态和行为最大化地满足企业的要求：一是优化合伙人制度，二是组织干预合伙人成长，三是引导合伙人自我修养。

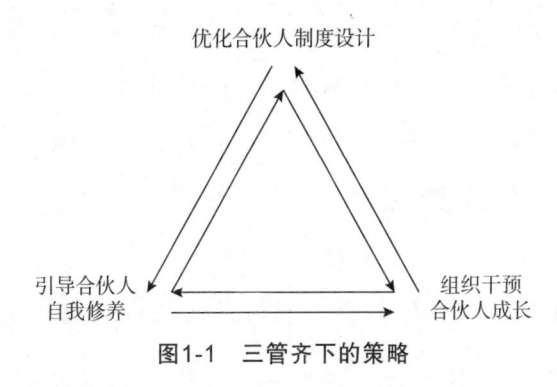

图1-1　三管齐下的策略

这三种策略是相辅相成、相互促进和缺一不可的：完成合伙人制度的设计以后，需要同时采取组织干预合伙人成长并引导合伙人自我修养的策略，才能确保合伙人的成长达到组织要求；组织在干预合伙人成长时，需要有合伙人制度作为前提性保障，并需要引导合伙人自我修养，其培养合伙人的效果才能达到最优；引导合伙人自我修养，如果没有合伙人制度作为前提，并缺少组织干预合伙人成长的措施，也不可能产生组织所期望的效果；运用好了三种策略中的任何一种，都将有助于促进另外两种策略的健全与实施效果。以下对此进行必要的提示性说明。

优化合伙人制度设计

严格说来，企业在设计合伙人制度之初，就应该充分考虑到人性的诸多弱点，并从制度的顶层设计层面来防范问题的发生，从而确保合伙人的思维、心态和行为结果具有满足企业对其基本要求的可能性。

为此，在《合伙人制度顶层设计》一书中，我们专门提供了独家发明并经过实践反复验证的"合伙人制度的1+4模型"（以下简称"1+4模型"）。这一模型可以全面有效地指导各类企业设计出长期有效的合伙人制度。

"1+4模型"的最大价值是，它就像一个国家的宪法及若干专门的法律法规；有了宪法及若干专门的法律法规，这个国家的治理才会有法可依。有了全面、持续有效的合伙人基本制度，企业发展、激励、管理和培养合伙人才会有依据，也才会最大程度地规避人性中的诸多弱点，并使企业推行合伙人制的良愿在实践过程中不打或少打折扣。

我们想要说的是：当一家企业在执行合伙人制度时

发现，其制度不足以让合伙人满足企业的基本要求时，该企业很有必要对其合伙人制度进行优化；而在其优化既有的合伙人制度时，"1+4模型"可以提供理论与方法指引。

组织干预合伙人成长

建立完备的合伙人制度是必要的，但却不是充分的，因为再完备的合伙人制度体系，如果不能有效地执行，其效果也会在实践过程中大打折扣。这正如一个国家有了宪法及若干专门的法律法规，但如果没有确保其法律体系得以执行的执法机构与程序规则，则这个国家的法律体系便会形同虚设，至少得不到有效执行。

一家企业在有了健全的合伙人制度以后，还需要有一揽子可以确保其合伙人制度得以有效落地的组织化和制度化的管理手段；只有通过一系列有效的组织化和制度化的管理手段，来确保合伙人的思维、心态和行为满足组织对他们的基本要求，才可能进而确保合伙人制度产出最大化的成果。

我们认为，所有已经实行了合伙人制度（包括员工股权激励计划）的企业，均有必要通过五种组织化和制度化的措施，来精准地确保其合伙人"不得不"沿着企业期望的方向快速有效地成长。这五种措施分别是：文化牵引、入门把关、结构控制、绩效驱动、潜能激发。我们将在"合伙人三部曲"之《合伙人的管理与培养》一书中,针对这五项组织化和制度化的措施,逐一给出系统的理论观点论述和实操方法指引(该书将于2019年1月左右出版,敬请关注)。

引导合伙人自我修养

即便一家企业设计出了完美的合伙人制度,并且有了确保合伙人制度有效执行的组织化和制度化的管理体系,它也有必要引导其合伙人通过持续地自我修养,来确保自身能力素质不断进化。这也正如一个国家在有了宪法和若干专门的法律法规,以及执法机构与程序规则以后,还需要它的民众能够自觉自愿地学法、懂法和守法,只有这样,这个国家才可能最大化地降低执法成本、降低民众的违法犯罪率。

毫无疑问,每一家实行了合伙人制度的企业,一定会在第一时间希望其合伙人能够自觉自愿地修养和转变自身的思维、心态和行为,并创造出更佳的业绩成果;也毫无疑问,在一家企业的合伙人制度设计有效的前提下,参与事业合伙的每一位或大多数合伙人,可能也希望自己的思维、心态、行为和业绩成果能够满足企业对他们的基本要求。但是,合伙人应该怎么做以及怎样才能做到呢？对此，企业可能并不知道，合伙人自己可能也更难知晓。正是针对这一问题，我们才决定撰写本书。换言之，本书是专门用来帮助企业正确引导其合伙人进行自我修养的。

本书的核心内容是，所有的合伙人都应该从五个方向来持续不断地修养自己：职业价值观、业务能力、团队管理能力、沟通协作能力、学习能力。接下来的章节，我们就将围绕这五项能力素质给出理论观点和方法建议。

第二章
五项修养的来源

- 工作的目的
- 职业生命周期及命运曲线
- 影响职业成败的五大因素
- "殊途同源"原理

被吸纳为合伙人的人才们，只有从个人职业发展的角度来思考作为公司合伙人应具备的能力素质，才能真正地理解合伙人的荣耀及其对自身职业命运所构成的意义，才更有可能珍惜合伙人身份，进而才更有可能从职场上获得自身所期望的意义、利益和机会。

然而，讨论职业发展相关问题，将涉及太多的内容。我们认为，合伙人只需要了解并思考以下三个方面的问题，就能比较有效地理解作为公司合伙人对于自身的价值和意义。

一是工作的目的究竟是什么。当你对这个问题进行思考时，你会发现，做合伙人可以使自己从职场上获得更多。

二是任何一个人的职业生命都是十分短暂的，并且不同人的职业命运是存在很大差异的。当你对这个问题进行思考时，你会发现，做合伙人可以保证自己在职业生命全过程中更有可能达成自己工作的目的，并确保自己的职业命运一路向好。但毫无疑问，要想实现所愿，你需要具备一些关键条件。

三是如何看待"随处可见"的职业发展机会。当你对这一问题进行思考时，你极有可能会发现并认同一个"真理"：机会其实就在当下。

1. 工作的目的

心理学家告诉我们，任何人选择要不要工作以及选择做什么工作，都是由其动机所支配的。但经验又告诉我们，每一个人工作的动机似乎各不相同，甚至五花八门。比如，有人要赚钱养家，有人要提升能力，有人要实现自我，有人要做自己喜欢的事，甚至有人只是为了打发无聊的时间。

那么，人工作的动机究竟是什么？不同人的工作动机区别在哪里？以及不同的工作动机对个人职业发展有什么不同影响呢？我们现在就来简要探讨一下这些问题。

▸ 三重动机

不同人对工作动机的理解不尽相同。我们的观点是，无论人们工作的动机有何不同，归纳起来无非是希望获得以下三个方面的回报。

- 物质回报
- 精神回报
- 机会回报

在职场上,人们或是感到工作开心、志得意满,或是感到怀才不遇、生不逢时,其实喜悦和烦恼都与这三大需求被满足的程度高度正相关。

物质回报

这是绝大多数人工作的第一动机:通过工作,赚取尽可能多的金钱。因为,金钱对我们每一个人及其家庭来说都非常重要。它关系到自己和家人定居在什么地方、住在什么样的房子里、使用什么样的家具,也关系到是否能够给予子女以更好的营养和教育条件、是否能够更好地孝敬父母、是否能够更好地维系亲戚朋友的关系,还关系到自己和家人是否能够得到他人的良好评价、是否能够获得尊严、是否能够实现这样或那样的理想,甚至关系到自己和家人是否健康长寿,等等。即便是那些"不差钱"的人,也会一定程度地在乎金钱回报的多寡,因为在相当程度上金钱代表了企业对自身价值的认可程度。

企业给予员工的物质回报,通常包括以下六个方面。

①工资。通常是每月定期发放。

②绩效奖金。不同企业发放的周期不一样。有的企业每月核发一次,有的企业每季度或半年核发一次,有的企业每年核发一次;有的企业每月有绩效奖金,到了年底还会发放年终绩效奖金。

③福利。包括国家法律或地方法令规定的社保,以及企业内部政策规定的商保、低息或免息贷款、免费餐饮、节庆费等。

④津贴。包括岗位津贴、职务津贴、交通补贴、住房补助等。

⑤股票收益。有的企业会拿出一定数量或比例的实体或虚拟股份低价出售或赠予特定岗位的员工。股票收益包括增值收益和股份分红。

⑥专项奖励。包括:针对技术人员的技术发明奖,针对广大员工的合理化建议奖,针对优秀工作者的奖励,针对特殊贡献者的奖励,等等。

精神回报

虽然金钱对每一个人都非常重要,而且在许多情况下是大多数人尤其是普通工作者的优先动机,但我们每一个人都是有道德标准、思想情感和人格尊严的,我们并不愿意做"金钱的奴隶"——为了赚取金钱而放弃道德标准、压抑思想情感、抛弃人格尊严。特别是在今天的文明社会环境下，工作的机会到处都有，我们更不会为了赚钱而特别委屈自己。换言之，我们追求物质回报是有条件的，这个条件就是我们同时需要有相应的精神回报。

我们希望从工作中得到的精神回报可以概括为以下四个方面。

①企业的合法性和健康状态。包括：企业的存在是否合法，企业提供的产品和服务是否对社会具有价值，企业的生存状况是否健康，企业是否有良好的发展前途，等等。这些来自认知领域的感受会影响我们的工作选择，也会影响我们对待工作的心态、情感和行为。

②工作本身的价值感。我们无不希望自主选择或被企业安排的工作是自己喜欢、擅长或自我感觉有前途和价值的。

③工作中的精神体验。包括工作中获得的愉悦感、成就感、公平感、归属感、安全感以及学习与成长体验等。

④工作与生活的平衡感。包括：希望工作不影响家庭和个人情感生活，希望工作对自己的身体健康和兴趣爱好不构成损害，等等。

机会回报

每一个人不仅希望从现实的工作中获得足够多的物质和精神回报，而且无不希望在未来能够可持续地获得更大的物质和精神回报。这就涉及到我们工作的第三项动机了——对机会的追求。

对机会的追求，一直在左右着几乎每一位职场人士的职业心理和行为：当一些人跳槽时，当一些人跨区域寻找工作时，当一些人因不满现有的职业而重新选择职业时，就是机会动机在对他们的心理和行为发生影响——希望找到的工作或正在从事的工作，能够在下一阶段可持续地给自己带来更多、更大的物质和精神回报。

认知误区

尽管从理论上讲，每个人都希望从工作中获得尽可能多的物质、精神和机会回报，但并不是每一个人都能有效地认识到怎样才能最大化地获得这三样东西。比较常见的认知误区有以下两种。

- 金钱至上
- 追求速成

这两种职业认知误区，既是阻碍许多人获得职业成功的深刻原因，也是可以将职场人士区隔为不同人群类型的考量因素。对此建立必要的认知，将有助于我们更深刻地理解：究竟怎样做才能在职业上获得更多和更大的回报。

金钱至上

有许多员工（尤其是那些从事着一线体力劳动、文化程度较低的人群），在你跟他们谈及工作动机时，他们大多也会表示希望一份工作能够同时带给自己物质、精神和机会回报。但是，一回到现实中，他们则更迫切地希望每月拿到更多的薪酬，似乎只要能够拿到更多的薪酬，其他两项需求就可以忽略不计。

员工希望获得更多的金钱（物质）回报，无疑有其合理的一面，因为对大多数人（尤其是靠薪酬过日子的人）来说，金钱对于他们生活和人生的意义异常重大。问题在于，当一个人过分在乎工作的金钱回报时，很可能会出现两种倾向：一是因为对企业支付的薪酬不满而懈怠于正在从事的岗位工作，这意味着他无法取得企业所希望的工作成果，并且无法建立相应的工作能力，因而必然不利于他在下一阶段获得更好的薪酬回报；二是在对当下的薪酬不满时，他很可能会重新找工作，而重新找工作虽然有可能使薪酬略有上涨，但也有可能会妨碍他在未来获取到更大的利益。

追求速成

无论一个人更希望从职场上获取什么,其实相比于他想要获取的东西,"怎样才能实现"这个问题才是更为重要的。比如,"怎样才能获得更多的金钱回报"比想要获得更多的金钱回报更为重要,"怎样才能获得更好的机会回报"比想要获得更好的机会回报更为重要。可以肯定,每一个理性的人在其平心静气时都明白这一点。然而,明白这个道理,并不意味着他们愿意和能够采取正确的行动。

说到这里,我们不得不提及一些流行的观点,诸如"选择大于努力""机会大于能力""人脉关系决定职业成败"等。乍一听,这些观点似乎都很有道理,但实际上极具误导性。

比如说"选择大于努力"。这句话乍一听很有道理,它提醒人们在选择职业时要慎而又慎,一定要选择适合于自己的有发展前途的职业。但问题是,在任何一个职业领域工作,都不可能"随随便便成功",你只有沉下心来,竭尽全力,历经千辛万苦,才有可能崭露头角,进而还要继续坚守和打拼,才有可能最终取得成功。这句话对人的误导性在于,有许多人,当他们在已经选择的职业领域迟迟不能取得自己希望的成功时,当他们在发展职业的过程中碰到困难、问题、挫折和挑战时，"选择大于努力"这一观点常常会诱导他们重新做出选择，而不是继续在既定的职业领域坚守与努力。因为，重新选择职业比在既定的职业领域坚韧前行要容易得多，前者在一念之间就可完成，而且充满想象空间，后者则需要付出足够的时间和努力，还不一定能够如愿以偿。

又比如说"机会大于能力"。这句话乍一听也挺有道理，因为当机会很好时，你不用特别有能力也能获得成功，所谓"碰到风口，猪也能飞上天"。这一观点对人的误导性在于，它会让那些不谙职场规律的人士误以为，在职场上获得好的回报，能力并不重要，重要的是寻找机会。所以，我们会看到，有许多人整天把心思花在寻找更好的职业或工作机会上，而不是去努力提高自己的职业能力。事实上，没有能力的人不可能获得机会，即便有幸获得了机会也不一定能够把握得住；你只要有足够的能力，才会有更大的和更多的可供选择的机会；你的能力越强，面临的机会也就越多。

以上观点之所以很有市场，在极大程度上是因为它们很好地迎合了人性的弱点：想要投机取巧，不愿意努力付出——毕竟，机会似乎随处可见，选择是瞬间可以完成的，而努力意味着付出，能力提升也不是一朝一夕就能做到的。

经过以上论述，一个问题立即出现了：我们怎样才能从工作中获得足够的物质、精神和机会回报呢？本章随后的内容就是针对这一问题做出的回答。

2. 职业生命周期及命运曲线

要理解任何一位职场人士怎样才能从工作中获得尽可能多的物质、精神和机会回报，需要首先了解人的职业生命周期各阶段对于个人职业成败的意义，以及在有限的职业生命周期里不同人职业命运的差异性。对这两个问题建立必要的认知，可以促使我们进一步思考：究竟是哪些因素在影响或决定着我们每一个人最终的职业收获？

职业生命周期

理论上讲，一个人的职业生命可以长达40年（其中，有些人不到60岁就退休了，比如有些女性或身体不够好的人；有些人则要工作60年以上，比如一些大学者、大科学家、著名医生和一流政治家,以及大多数民营企业家)。但实际上,人在职场上的"黄金工作时间"并没有大多数人想象得那么长。

为什么这样说呢?我们的研究发现,一个人的职业生命大致可以分为图2-1所示的三个阶段。

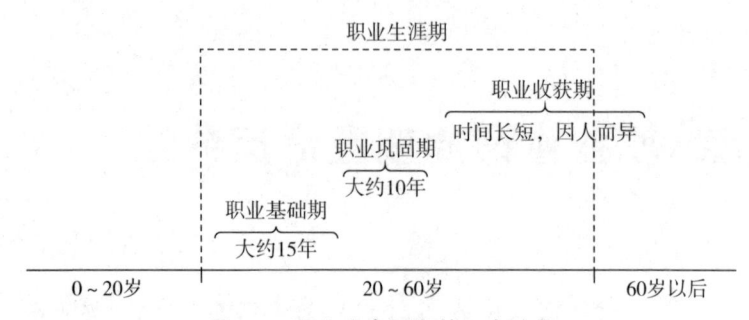

```
                    职业生涯期
                                    职业收获期
                                    时间长短,因人而异
                    职业巩固期
                    大约10年
        职业基础期
        大约15年

0~20岁              20~60岁              60岁以后
```

图2-1　职业生命周期的三个阶段

通过下面的说明你将看到:大多数人的"黄金工作时间"其实只有20年左右,只有在这个短暂的时间里建立起某些关键条件,才有可能在职业生命的中后期阶段取得理想的职业成就。

职业基础期

这是一个从根本上决定人的职业命运的阶段。也就是说,一个人的职业成败从这个时期便已经"注定"了。如果一个人在这一时期奠定了良好的职业基础,那么在之后的时间里,他便有极大的可能获得更大的职业成就；如果一个人在这一阶段不能奠定良好的职业基础，那么他在后面的两个阶段基本上就没多少"戏"了，至少会事倍功半。

奠定良好的职业基础是什么意思呢？就是要在一个特定的职业领域达到不低于中等水平的能力。不低于中等水平的能力是指，使自己在企业中的地位达到或接近于中等，也就是做到或接近做到一家企业的中层管理者或技术专家这个级别。只有这样，在后续的时间里，他才可能有机会沿着"职业金字塔"继续向上攀登。

要达到或接近达到中等职业地位，则要求一个人在一个专业领域专心致志、勤奋努力至少8年以上的时间。换言之，他要确保在30岁之前，就把自己的职业方向给确定下来，然后便是心无旁骛地在那个既定的职业领域努力向上攀登，因为只有这样，他才能确保自己在35岁之前达到或接近达到中等职业地位。

职业巩固期

如果一个人在35岁时就能达到中等或接近于中等的职业地位，那么在35~45岁这个时间段里，他需要做的是，进一步巩固自己已经取得的职业地位。所以，我们把职业生命周期的第二阶段称为"职业巩固期"。

到了这一时期，需要注意的是，无论碰到什么问题和困难，他最好是坚持在既定的职业领域努力奋斗，竭尽全力向上攀登，以确保自己在45岁之前达到或接近专业或职业的高级水平，或者是把自己的职业能力提升到四级以上（职业能力可以分为五级，一级为最低，五级为最高）。只有这样，到了45岁以后，他才有可能获得理想的职业回报。如果他不能在35~45岁这段时间里使自己的职业能力达到四级以上，或者说不能在一家企业里做到高级级别或技术权威的水平，那么他未来的职业发展极有可能会经历一些波折。这样一来，到了45岁以后，他从职业中获得的物质、精神和机会回报将很难达到理想的境地。

职业收获期

到了这一时期，能否获得好的回报，在极大程度上取决于一个人在前两个阶段所积累的职业能力和职业地位，以及他所在企业的性质和发展态势。

如果前期他建立起了四级或以上的职业能力，或在一家企业中取得了高级或接近于高级的职业地位，并且他所在企业的生存与发展状态不错，那么，这一阶段他还将有更大的职业收获。否则，在职业生命的最后阶段，他将不大可能获取理想的职业回报。从任何一个个体的角度来说，通常在这一时间阶段，要想自己的职业生命曲线不向下滑行,有效的做法就是:继续保持斗志,以开放的心态不断接受新生事物,不断挑战更高的工作目标,以此不断地提升自己的专业能力或保持职业竞争优势。

那些到了退休年龄还在继续贡献余热的人,往往就是因为他们一直在不断学习、努力攀登、不断强化自己的专业能力。而那些在职场上无法继续下去,因而不得不在退休年龄到来之前就被迫选择退休的人,除了身体原因以外,极大程度上,就是因为他们前期没有建立起接近四级的职业能力,而到了这一阶段又丧失了工作斗志,因而不得不被新的更有能力的人所取代。

人的职业命运各不相同

尽管每一个人在职场上都会经历以上我们谈到的三个阶段(基础期、巩固期和收获期),并且每一个人都希望自己在职场上有大的斩获(获得更多的物质、精神和机会回报),但是若干年下来你会发现,不同人的职业命运发展轨迹和最终结局是极不一样的——有些人的职业发展顺风顺水、志得意满、回报多多,而另一些人的职业发展则一波三折、事与愿违、收获甚微。这是为什么呢?

奇榕咨询公司的管理专家经过长期的比较研究,发现人的职业命运可以大致归纳为图2-2所示的七条曲线：①极顺极成；②大顺大成；③中顺中成；④不顺大成；⑤不顺小成；⑥先顺后平；⑦一生不顺。

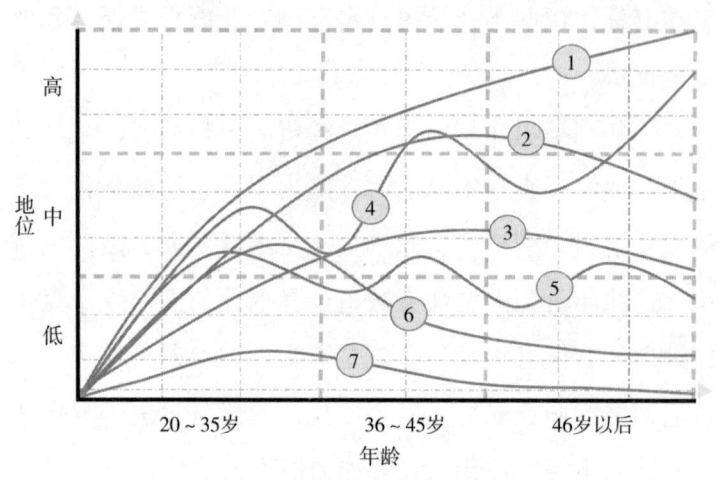

图2-2 人的职业命运各不相同

毫无疑问，现实中的每一个人所走的职业发展路线都是千差万别的。我们之所以要把它们大致归纳为七条曲线，仅仅是为了启示读者思考相关问题。打个比方，心理学家会把人的性格分为有限的几种类型，但事实上人的性格是千差万别的，心理学家这样做的目的也仅仅是为了启示人们思考相关问题。下面我们来逐一介绍这七条职业命运曲线。

曲线1：极顺极成

这条曲线代表的是那些在职业发展过程中始终一帆

风顺的人。他们大学毕业便进入到一个较好的职业领域或工作单位，此后他们的职业地位不断上升，一直到了60岁以后都不会被历史所淘汰；他们一直处于所在专业的前沿，名利双收，即便到了退休年龄，也会退而不休；他们不苛求名利，名利却反加诸其身。这类人中，包括大政治家、文学家、艺术家以及各专业领域的顶尖级科学家、医生、行业领袖、一部分民营企业家……他们大多是"大字辈"的人物。

曲线2：大顺大成

这条曲线代表的是那些45岁之前职业发展十分顺利的人。他们在45岁之前便已经在一个组织中达到高级地位，比如担任总经理、副总经理、总监等高级职务。但随着年龄的增长，当他们的身体和智力逐渐失去竞争力之后，他们的职业拼搏精神和意志也随之下降，于是到了或接近到了退休年龄，他们会选择"光荣退休"。这部分人在社会上有相当的数量，比如大部分中基层的政府官员、职业军人、优秀教师、优秀科技工作者、优秀管理者、优秀艺术工作者等等。

曲线3：中顺中成

这条曲线代表的是那些在45岁之前职业发展一帆风

顺的人。他们通常在45岁之前，便已经在一个组织中获得了中等或接近中等的职业地位。但是，随着年龄的增长，当他们的身体和智力逐渐失去竞争力之后，他们的职业拼搏精神和意志也随之下降，于是到了或接近到了退休年龄，他们也像第2类人一样选择"光荣退休"。这部分人包括普通公务员、普通教师、普通科技工作者、普通管理者、普通艺术工作者等等。

曲线4：不顺大成

这条曲线代表那些在职业生命周期中一路大起大落但却始终保持着旺盛的职业斗志的人。当他们处于职业低谷时，从不向命运低头，总是能够不断调整自己，勇敢地跋涉前行，最终他们有一个良好的职业命运结局。他们终其一生，愈老愈强，即便到了正常人退休的年龄，他们也依然不会被淘汰，直到生命的终结。这类人并不多见，但各职业领域都有，比如那些久经磨砺的政治家、企业家、艺术家、科学家等等。

曲线5：不顺小成

这条曲线代表那些职业命运多舛的人。他们终其一生都希望在职场上出人头地，但是由于个人性格、家庭环境、所处行业或企业或职业等原因，他们的职业命运始终起起伏伏，直到老去，再也拼不动了，也没有迎来职业命运的转机，最终跟那些极为普通的职员一样黯然退出职业舞台。这类人在生活中只占少数，包括那些始终不得志的公务员、科技工作者、企业管理人员、普通生意人，以及那些终其一生一直没有固定职业的人。

曲线6：先顺后平

这条曲线代表那些家庭出身和个人条件良好的人士。他们踏入职场的最初十年左右，职业发展十分顺利，以至于在35岁左右就达到了一个组织的中层甚至高层领导地位。但是，由于各方面的原因，比如生病、婚育、家庭变故、犯错、观念和技能落后于时代发展等原因，到了35岁以后，他们就再也没有了向上发展的动力和机会，于是职业曲线开始一路下行，以至于最终黯然离开职场。这部分人，既包括那些因少年得志而轻狂、形成了陈旧的思维定势、个性特质与时代发展格格不入的那一部分人，也包括大量家庭条件良好的女性——随着她们结婚、生子，在家庭条件允许时，她们便把兴趣和精力转移到了家庭，职业不再是她们的精神支柱。

曲线7：一生不顺

这条曲线代表那些没有受过良好教育，也没有什么职业追求，只是用体力换取有限的金钱用以养家糊口的极为普通的社会底层劳动大众。他们在精力旺盛、体力最佳的年龄阶段，有可能做到班组长、师傅、骨干的地位，但随着年龄的增长，尤其是后来的年轻人在体力和智力上更加优秀，他们在组织中的价值便不断降低。之后，他们要么心甘情愿地在一个组织中从事着最底层的工作，拿着比较微薄的薪水过日子；要么不满工作现状，不断跳槽寻找新的赚钱机会。由于他们没有特别突出的技能，随着年龄的增长、体质的下降，他们终其一生一直只是广大劳务大军中的一员，而且是价值每况愈下的一员。

3. 影响职业命运的五大因素

那么，又是什么在决定人的职业命运走向呢？

我们首先认为，总体上说，人的职业命运是由外部环境和个人条件相互作用、共同决定的。所谓外部环境，主要是指我们所在的国家、地区、行业、企业和专业给我们提供的职业发展机会；所谓个人条件，是指我们每一个人在特定的环境中所具备的发展自身职业的能力。

但是，我们不能过分强调外部环境因素在个人职业发展中的作用。有两点理由。其一，如果过分强调外部环境因素，我们就很可能把自己不能取得职业成就的原因归结为外部环境不好，而忽视了自身努力的必要性。其二，在相同或相似的外部环境条件下，有的人能够获得职业成功，而有的人则不能。这意味着，在相同或相似的外部环境条件下，个人条件在相当程度上决定了其自身的职业成败。

五项能力素质

我们经长期研究发现，在不考虑外部环境因素的情况下，每一个人的职业命运都是由其自身的五项能力素质来决定的：职业价值观、业务能力、团队管理能力、沟通协作能力、学习能力。如图2-3所示。

图2-3 发展职业所需五项能力素质

有必要说明的是，这五项能力素质并不只是针对管理（领导）岗位的人士来说的。事实上，对于那些当下并没有担任管理工作的职场人士来说，如果他们希望在职场上获得不低于中等水平的成功，这些能力素质都是不可或缺的。

下面是对这五项能力素质的概述。关于这五项能力素质的更多论述，我们将在本书随后的各章逐一专门展开，因为这五项能力素质正是我们所主张的合伙人应当进行自我修养的五个方向。

职业价值观

特指一个人在与组织进行利益交换时所表现出来的思维、心态和行为倾向。通常，一个人的职业价值观与其工作的组织所要求的职业价值观匹配的程度越高，其被组织信任和倚重的程度也就越高。

业务能力

特指一个人所具有的胜任某一特定岗位工作所需要的专业能力与素质。通常，一个人胜任某一特定岗位工作的专业能力素质越强，他获得或者保有那个职位的可能性越大，工作绩效越好，从工作中获得的回报也极有可能越多。

团队管理能力

特指那些从事管理岗位或辅助管理者的专家岗位上的工作者,用以解决团队成员招聘、任用、培养和保留的问题,并对团队成员实施有效领导的能力。众所周知,管理者都是通过其团队来实现自己的工作目标的,他们只有具备了相应的团队管理能力,才有可能成为管理者。他们的这种能力越强,获得和保有特定职位的可能性越大,个人从工作中获得的回报也就越多。

沟通协作能力

特指一个人与他人配合完成工作的能力。任何一位岗位工作者,必然与组织内部的其他层级、部门或岗位有着千丝万缕的联系:他要把工作做好,离不开别人的配合;别人要把工作做好,也可能需要他的配合。任何一个组织,只有其内部各层级、部门、岗位的工作人员之间有效协作,组织的效率才会更高。而要有效地协作,就要求相关工作者具备相应的沟通协作意识与能力。通常,组织的规模越大,对员工这一能力素质的要求程度越高。

学习能力

特指一个人为确保自己的上述四项能力素质能够满

足组织要求所必须具备的能力，同时也是确保能够满足个人职业发展要求、以使自己在职场上获得更多回报所必须具备的能力。因为，一个人只有具备了较强的学习能力，才有可能建立和不断提升自身的上述四项能力素质，也只有建立和不断提升上述四项能力素质，其个人的职业命运曲线才有可能向上运行，至少可以保有其已经获得的职业地位。

红黄绿灯法则

在道路交通规则体系中，红黄绿三色信号灯的发明是一大创举，因为它使人们在交叉路口通行时有了普适的规则。大家都知道：绿色信号灯亮时，车辆和行人可以通行；黄色信号灯亮时，已越过停止线的车辆和行人可以通行，未越过停止线的车辆和行人应当停止通行；红色信号灯亮时，车辆和行人必须停止通行。如果有谁违反了这一基本规则，就会受到相应处罚。

现在，在论述一个人的前述五项能力素质对其职业命运的影响时，我们不妨借助交通信号灯的原理来说明这样一个道理：当一个人的某项能力素质表现极差时，可以视其该项能力素质处于红灯状态，在这种情况下，他必须高度警惕、立即改进，因为这种能力素质状态将阻止他的职业命运曲线向上行进；当一个人的某项能力素质表现一般时,可以视其该项能力素质处于黄灯状态,在这种情况下,意味着其职业发展的风险与希望并存,他只有改进该项能力素质,其职业命运才可能上行,反之可能停滞或下行;当一个人的某项能力素质表现优异时,可以视其该项能力素质处于绿灯状态,在这种情况下,他在该项能力素质领域便具备了使其职业命运曲线上行的条件。

为了使读者直观地理解"红黄绿灯法则"对我们每一个人的职业能力建设所具有的价值,我们特地提供了一幅实用的管理工具图(见图2-4)。对照这幅工具图,每一位职场人士都可以对决定自身职业命运走向的五项能力素质现状进行评估,并基于自我评估而制定出相应的改善措施。

	职业价值观	业务能力	团队管理能力	沟通协作能力	学习能力
红灯					
黄灯					
绿灯					

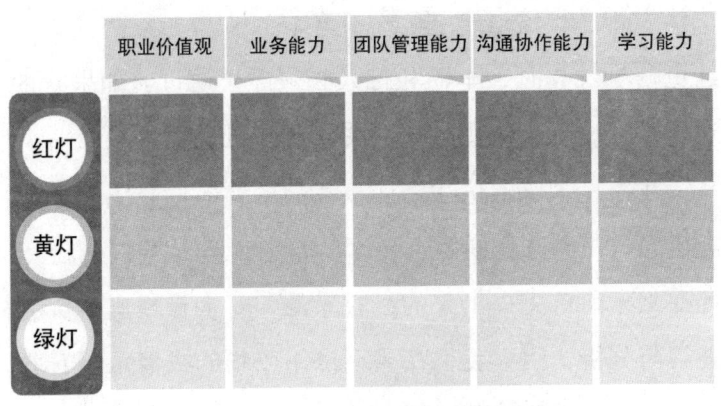

图2-4 五项能力素质管理工具图

在我们推出图2-4之前,现实中的企业在决定员工的职位升迁时,虽然并没有用到红黄绿三色交通信号灯的原理,但事实上也是在基于相似的原理做出相应的取舍决定:当一位人才胜任某一岗位的综合能力素质处于较差(红灯)状态时,他几乎没有可能得到那个职位;当一位人才胜任某一岗位的综合能力素质处于一般(黄灯)状态时,在竞争强度较低时他有可能得到那个职位,而在竞争强度较高时他则得不到那个职位;当一位人才胜任某一岗位的综合能力素质达到优异(绿灯)状态时,他便极有可能获得那个职位。

4. "殊途同源"原理

在经过了以上论述之后,我们还要向你介绍一个关键概念——"殊途同源"原理。这一原理是我们两位作者在六年前首先提出来的,它来源于对大量现实案例的观察与分析,因而我们认为可以用以指导或警示所有职场人士建立正确的职业观。

核心含义

殊途同源原理的核心含义是，无论从事何种职业，一个人的职业命运都是由他的前述五项职业能力素质所决定的。

我们的研究发现，无论你是自己开公司当老板，还是去做医生、科学家、教师、公务员、军人，在任何一个你所能想象到的职业领域谋求发展，你将获得怎样的职业地位或成就，一定与你的职业价值观、业务能力、团队管理能力、沟通协作能力、学习能力有着直接的关系。

首先，你的职业价值观必须满足你所选择的职业领域和所在组织对职业价值观的基本要求，否则你便无法进入那个职业领域或组织。即便你在职业价值观有问题的情况下蒙混过关，侥幸进入了某一职业领域或组织，你也待不长久；即便你能勉强待下去，你自己也会感到痛苦。

其次，在任何一个职业领域或组织中从事任何职位的工作，都要求你具备相应的业务能力。如果不具备相应的业务能力，你便得不到那个职位，即便你在业务能力不足的情况下侥幸得到了某一职位，你也极有可能在那个职位上待不长久。

再次，无论你选择在哪个职业领域或组织中工作，只要你希望自己的职业地位上行，便十有八九会涉及到你的团队管理能力。你不具备相应的能力或潜力便得不到那个职位。在这种情况下，即便你侥幸得到了那个职位，可能也无法保有。

第四，无论你选择在哪个职业领域或组织中工作，都要求你善于与他人沟通协作。只有善于与他人沟通协作，你才可能获得大家的信任、支持和拥护。只有获得大家的信任、支付和拥护，你才有条件获得心仪的职位或保有当前的职位。

最后，你只有持续不断并有效地学习，才有可能建立、保持或提升你的上述四项能力素质。也只有这样，你才能确保自己能够适应不断变化的外部环境，才能在残酷的职场竞争中不被竞争对手所超越（通常，职业领域越好、职位越高，面临的竞争越是激烈），才能获得组织的信任和倚重，最终获得的职业回报也才会越大。

另一层含义

殊途同源原理还有另一层含义：无论一个人是选择与现在工作的企业一同成长，还是准备通过跳槽来获得职业发展机会，他的职业命运在极大程度上也是由其五项能力素质所决定的。

许多人会把跳槽作为谋求职业发展的重要方式。我们首先承认，跳槽是一种很普遍的社会现象，有其存在的合理性，应该予以充分尊重。理由有三：其一，有大量的企业为谋求自身的生存和发展，需要招聘人才；其二，有大量的人才为了自身的职业发展，需要寻找更好的工作/职业机会；其三，有众多的猎头公司、人才中介服务机构出于自身的商业目的，需要撮合企业和人才之间的供求关系。可以这么说，人才的合理流动是社会进步的一个标志。

因此，我们想借此表明一个基本观点：跳槽本身不是问题，问题在于跳槽还是不跳槽，哪种选择对我们的职业发展更为有利？我们认为，在以下四种情况下，一个人可以选择跳槽，甚至应当跳槽。

第一，在他的职业价值观与企业的要求完全不相匹配的情况下，他可以选择跳槽。因为，当双方的价值观出现严重冲突时，企业不可能改变自己的价值观来适应他的价值观，只能是他改变自己的价值观来满足企业的价值观要求；如果他不愿意改变，或者他想改变但却做不到，那他在企业中工作就会十分痛苦。在这种情况下，跳槽可能就是一种明智的选择。

第二，他觉得企业安排的工作岗位不是自己想要的，因而自己的能力被埋没了，或者他多次要求转岗，企业却不愿意满足他的要求，在这种情况下他可以选择跳槽。因为，换一个地方工作，他面临的问题有可能会迎刃而解。

第三，他的业绩太差，经过长期努力也无法予以改善，因而不仅企业对他不满意，他自己对自己也十分不满，在这种情况下他可以选择跳槽。因为，换一种工作，他可能会有较好的业绩表现，因而可以提升他的自信心，进而有利于他的职业发展。

最后，当他感到自己为企业做出了较大贡献，甚至是重大贡献，而企业给他的薪酬却实在太低，他无法容忍这种不公平，或者说，虽然他并没有给企业做出较大贡献，但他就是感觉到企业给他的薪酬太低，他认为只有企业给他足够高的薪酬，他才愿意为企业做出贡献，在这种情况下他可以选择跳槽。因为，换一种工作，或许他的确可以获得更高的经济收入。

然而，无论一个人出于何种原因试图通过跳槽来获得职业发展机会，有一个道理也是放之四海而皆准的，那就是：只有当他的职业价值观、业务能力、团队管理能力、沟通协作能力和学习能力满足企业的要求时，他才有可能获得更多的物质、精神和机会回报。当一个人的这五项能力素质存在问题或缺陷时，无论他走到哪里都不可能如愿以偿。

一般而言，如果一个人在当下的岗位上表现出良好的职业价值观、业务能力、团队管理能力、沟通协作能力和学习能力时，只要他所服务的企业是有前途的，并且他是有足够耐心的，他就有向上发展的机会；反之，如果他当下的五项能力素质存在缺陷，那么无论他怎么跳槽，都将无助于他获得自己想要的东西。

第三章

修养1：
职业价值观

- 关于职业价值观
- 职业价值观的评价指标
- 职业价值观的"红黄绿灯"
- 合伙人应有的职业价值观
- 自我评估与改善计划

企业实行合伙人制的首要目标应该是重塑合伙人的职业价值观，因为如果合伙人的职业价值观依然停留在打工状态，将必然导致合伙人制度无法实现其初衷。

合伙人的职业价值观之所以居于五项修养之首，是因为当一位合伙人的职业价值观存在缺陷时，他的其他四项能力素质的发展将会受到限制（其他四项能力素质的优劣也会影响职业价值观的形成与发展）。

然而，什么是职业价值观？合伙人应具有怎样的职业价值观呢？大多数实行了合伙人制的企业对此并无清晰认知。因为并无清晰认知，虽然各企业都在要求其合伙人转变价值观念，但究竟应从怎样的价值观状态转换为怎样的价值观状态呢？这些通常都是模糊不清的。因为模糊不清，许多企业便会把企业组织的价值观等同于合伙人应具有的价值观，其"转换"效果不佳也就毫不令人意外了。

本章将通过说明什么是职业价值观，进而定义员工职业价值观的红黄绿灯状态，以使大家对合伙人应具有的职业价值观有一个清晰的认知。每一位合伙人都可以根据本章的理论阐述与方法指引，来修养和提升自己的职业价值观。

1. 关于职业价值观

很多人终其一生职业命运不佳：30岁之前，为了多赚一点钱，到处漂泊；30岁到40岁期间，意识到找一份稳定的工作很重要，但找啊找，始终是高不成、低不就，没有找到适合于自己的工作或职业；到了40岁以后，由于前期左突右撞，始终未能找到属于自己的位置，于是对职业发展心灰意冷，可是日子还得过呀，于是他们继续寻找适合于自己的工作机会，直到实在做不动为止；有的人甚至到老了、实在做不动了，也还得去工作，因为自己要吃饭，家人要养活，子女要培养，父母要赡养……

有些人的职业命运则能够一路顺畅：毕业以后有幸进入一家"好单位"，从基层干起，一路高升，做到中高管，拿到百万甚至千万年薪；他们的职业成功，不仅给自己带来利益、意义、自信和自豪，而且也让自己的家人和朋友、同学甚至于乡亲都因此而受益良多……

职业命运不济的人，往往会抱怨。抱怨谁呢？抱怨父母祖上没能耐，抱怨自己读书少，抱怨社会环境不好，抱怨自己当初投错了行，抱怨天下少有伯乐，抱怨属于自己的机会太少……但是，他们中的绝大多数人意识不到，自身的职业命运不济，在极大程度上与其职业价值观存在问题有必然因果关系。

职业价值观一直都在深刻地影响着每一位职场人士的职业命运发展走向。那么，究竟什么是职业价值观？职业价值观又是在如何影响人的职业命运发展的呢？下面我们就这两个问题给出观点。

职业价值观的构成

究竟什么是职业价值观？对于这一问题，不同人的看法并不一致。大致说来，迄今为止有两种看待此问题的角度：要么是站在企业的角度评价员工的心态、思维和行为是否满足企业所主张的价值标准，要么是站在社会学的角度评价特定员工的世界观、人生观和价值观是否符合主流的社会标准。在我们看来，无论从哪个角度和基于什么样的标准进行评价，员工的职业价值观无外乎涉及图3-1所示的三大内容：希望获得的工作回报是什么？认为哪里能更好地得到自己想要的工作回报？愿意为想要得到的工作回报付出什么？

① 希望从工作中
得到什么

② 认为从哪里
才能更好地
得到

③ 愿意为希望
得到的东西
付出什么

图3-1 职业价值观的构成

不同的职场人士在这三个方面的思维、心态和行为倾向，便构成了人们各自有别的职业价值观。换言之，对于任何一位职场人士来说，只要他能够从这三个方面来对自身进行分析，就能清晰地知道自己的职业价值观处于什么样的状态。下面逐一说明。

希望从工作中得到什么

正如本书第二章我们已经指出的那样，所有的职场人士都希望工作带给自己三样东西：物质回报、精神回报和机会回报。然而，"人上一百，种种色色"，现实中不同的职场人士对这三样东西的需求程度和侧重点是各不相同的。大致说来，有以下六类人。

第一类人在这三个方面的要求总体上较低。他们只要工作能够带给自己不低于最低水平的物质、精神和机会回报,便可以得到基本满足。

第二类人在这三个方面的要求总体上属于中等状态。他们只要工作能够带给自己一般水平的物质、精神和机会回报,便可以得到基本满足。

第三类人在这三个方面的要求总体上较高。他们既希望获得最大的物质回报,还希望获得最大的精神回报,同时又希望获得最大的机会回报。

第四类人更看重的是工作带给自己的物质回报,只要从工作中能够赚取到足够多的金钱,其他两个方面的需求可以忽略不计。

第五类人更看重的是工作带给自己的精神回报,只要当下的工作能够满足其对工作意义的特定追求,他们便可以忍受较低的工资,并且不大会考虑工作带给自己的未来机会是什么。

第六类人更看重的是工作带给自己的机会回报,只要觉得当下的工作是很好的职业发展平台,他们就会认为工作是有意义的,因而可以最大限度地容忍当下的工作只能给自己带来较少的金钱回报。

可以认为,人们在评价一个人职业价值观的优劣时,一定会涉及到他是怎样看待和取舍这三样东西的。人们会认为那些要求不切实际的人,或者其要求对他们自己或所在组织不利的人,其职业价值观是存在某种程度的问题的。

认为从哪里才能更好地得到

每一位职场人士都需要在特定的组织里工作，才能得到自己想要的上述三样东西；或者说，无论一个人想要从职场上得到的东西是否合理，他必须要在一个特定的组织中工作，才有可能得到自己想要的东西。

这便涉及到对工作机会的选择问题，包括对工作地区的选择、对职业的选择、对企业的选择、对岗位或职务的选择等等。而一旦涉及到选择，便一定又会涉及到判断工作机会的标准问题。换言之，一位员工认为在哪里工作和做什么工作更能实现自己对工作回报的要求，便成为其职业价值观的重要组成部分。

有些人会认为本企业就是最能满足自己对工作回报要求的地方，因而他们会十分珍惜当下的工作机会；有些人会认为本企业并不能满足自己对工作回报的要求，但又苦于还没有找到更好的去处或受自身和家庭条件的某些限制，他们还是愿意在当下工作的企业继续工作下去；有些人会认为"外面的世界更精彩"，因而会不断通过跳槽来寻找更能满足自己要求的工作机会。

人们对一个人在此方向上的价值取向做出评价时，其角度和观点并不总是一致的，但总体说来，人们的看法大致还是趋同的：认为那些不看好和不珍惜现有的工作机会，因而不断寻找新的发展平台的人，其职业价值观是存在一定问题的；认为一部分并不看好自己正在工作的企业，因而在积极向外寻找工作机会的人，是情有可原的；认为那些对现在工作的企业十分忠诚的人，其在此方面的价值观更值得赞赏。

愿意为希望得到的东西付出什么

无论一个人希望工作带给自己怎样的回报，他要想得到自己想要的东西，一定会涉及到需要他付出什么；无论一个人在哪个区域、行业、职业、企业、岗位上工作，组织一定会要求他为工作付出三样东西：时间、精力和情感。

然而，一提及付出这三样东西，便立即会涉及到：一位员工是否愿意为工作付出时间、精力和情感，以及付出到什么程度。大家都知道，为了从工作中得到自己想要的东西，有所付出是必须的，但付出到什么程度会是一个问题，因为不同人对此所持的看法并不一致，而这涉及到的也是职业价值观范畴的问题。

大致说来，在这个方向上有三种类型的人：一种人希望从工作中得到更多，但是却不愿意付出组织所要求的时间、精力和情感；另一种人只愿意付出与其工作回报对等的时间、精力和情感（习惯于讨价还价）；还有一种人能够甚至超越期望地在工作上付出时间、精力和情感，却并不特别关注物质、精神和机会回报的多少，因为他们相信只要付出就一定会获得相应的回报。

显然，人们大多会认为第一类人的价值观存在问题，第二类人的价值观也有问题但尚可接受，第三类人的价值观是纯正而有效的。

如何影响职业命运

职业价值观会从两个方向上对一个人的职业命运构成影响：一是影响组织对他的评价，最终会影响他是否能够从组织中得到机会以及得到怎样的机会；二是影响他的能力素质建设，最终会决定他能够得到怎样的机会以及是否能够把握住机会。

影响组织的评价

尽管不同组织用于评价一位员工或求职者的职业价值观的方法和标准会有很大差异，但是任何一个组织都能够大致判断出一位员工或求职者在上述三个方面的思维、心态和行为倾向（当然，有很多组织在判断求职者时经常"看走眼"，因为没有统一有效的方法和标准，或者有许多求职者极其善于包装自己），并会基于他们的判断来决定当事人在本组织中的职业命运。

毫无疑问，当一个组织认为某位员工或求职者在前述三个方面对企业存在不利或潜在不利影响时，就会认为其职业价值观是存在问题或有缺陷的，因而不可能给予其所期待的职业机会。所有的组织，只会把更好的职业机会给予那些职业价值观被评价为良好的人士。

现实中的企业规模越大、品牌越响亮、发展势头越好，其对员工的职业价值观要求往往越高。比如华为、阿里、GE、微软这样的一流公司，他们在招聘人才时，对应聘者职业价值观的要求往往超过50%的权重，职业价值观不能达到80分以上（100分制）的候选人，根本就不可能被聘用。在这些企业里，要想升职，职业价值观也是一项绝对重要的考量指标；职业价值观存在问题的人，业绩做得再好，企业也不会把位高权重的职位给到他们。

大企业是这样，各行各业的中小企业也大致如此，只是中小企业由于招聘和保留人才比较困难，在招聘基层岗位员工时，会一定程度地放松对候选人的职业价值观要求。但放松要求不是没有要求，如果一个人的职业价值观不能达到60分，想要进入到中小企业工作也是不大可能的。而且，中小企业在招聘和任用关键岗位人才时，对职业价值观的重视程度普遍也是较高的，比如在招聘和任用财务人员、高级管理和核心专业岗位人才时，几乎跟大企业一样，都会高度重视候选人的职业价值观。也就是说，职业价值观存在缺陷的人，即便在中小企业，也同样不大可能获得高级职位。

（历史经验证明，并不是所有的企业对员工职业价值观的要求都是合情、合理、合法的。比如，一些存在着不道德或不合法经营管理行为的企业，往往对其员工也有某种程度的"价值观"要求。然而，历史经验同时证明了两点：其一，那些职业价值观真正优良的人才，不会将自己的职业生命托付给不道德和违法的企业；其二，那些从职场上收获最多的人才们，一般说来都能够最大程度地满足企业对其职业价值观的要求。正是基于后一点认知，我们才会在此理直气壮地讨论员工的职业价值观问题，才会理直气壮地表明：合伙人满足企业职业价值观方面的要求，对其自身有着多么重要的价值和意义。）

影响能力素质建设

一个人的职业价值观如果存在问题，一定会影响他的其他四项基本能力素质的建设：业务能力、团队管理能力、沟通协作能力、学习能力。而这种影响，也即是对其职业命运的影响，因为这四项能力素质是支撑人的职业命运走向的不可或缺的力量。

当一个人的职业价值观十分优良时，意味着他对组织给予他的工作回报是基本满意的，也意味着他是能够理解和认同组织的发展机会的，同时还意味着他是愿意为工作投入足够的时间、精力和情感的。在这种情况下，他的业务能力、团队管理能力、沟通协作能力以及学习能力必然会得到相应提升；他的这四项能力素质得到相应提升，便意味着他在组织中获得的职业发展机会及工作回报必然也会相应增加。反过来说，如果一个人对组织给予他的工作回报十分不满，或者并不认为正在工作的企业是好的发展平台，或者不愿意为工作投入应有的时间、精力和情感，将必然会阻碍他建立起更佳的业务能力、团队管理能力、沟通协作能力以及学习能力，而当他的这些能力素质不能得到相应提升时，他也就必然不能从组织中得到更好的职业机会和更大的工作回报。

必须强调一点：一个人的业务能力、团队管理能力、沟通协作能力以及学习能力也会影响其职业价值观的形成与发展。通常，当一个人在这四个方面的能力素质都处于较优状态时，他的职业价值观会趋于优良，因为当他的这四项能力素质处于较优状态时，组织将会更加倚重于他，他从组织中获得的工作回报也会更多，这两种力量将促使他的职业价值观更趋于优。反过来说，当一个人的这四项能力素质处于较差状态时,他便无法得到组织的倚重,也就难以从组织中得到他想要的工作回报。在这种情况下,他很可能会不断寻找新的工作机会,也不大可能愿意在工作上投入足够的时间、精力和情感,这意味着他的职业价值观会因此而表现得更为差劲。

2. 职业价值观的评价标准

有了以上论述,我们每一个人就可以对自身的职业价值观进行分析与评估了。在分析与评估时,可以采用表3-1所示的三项指标:对工作回报的满意程度,理解和认可公司的程度,在工作上投入时间、精力和情感的程度。

表3-1　　　　　　职业价值观的三项评价指标

职业价值观	①对工作回报的满意程度
	②理解和认可公司的程度
	③在工作上投入时间、精力和情感的程度

▶ 对工作回报的满意程度

首先需要指出,任何一位员工希望或要求其所工作的企业带给自己物质、精神和机会回报,都是天经地义的。

问题在于，当员工的要求超越了企业可能给予的最大范围，因而不可能得到时，他可能会心存抱怨甚至产生怨恨。在这种情况下，他可能会做出不利于企业的行为，比如说发牢骚、敷衍塞责，甚至于蓄意破坏、选择背离，等等。毫无疑问，当一家企业中哪怕是只有极少数的员工存在这类行为，对企业的发展也会构成相当程度的不良影响，对企业中其他员工的利益也会间接构成损害。因而，企业不认可、不接纳甚至于排斥这类员工，从大义上讲是可以理解的。

一位员工对工作回报的要求是否合理，有两个衡量标准。一是企业标准，即他的要求是否在企业可以承受的范围之内，企业可以承受便有其合理性，否则便是不合理的。二是员工对工作回报的要求与其能力及贡献的匹配度，两者相匹配便是合理的，否则就是不合理的。换言之，当一位员工对工作回报的要求超越了企业承受范围或自身能力及贡献范围时，企业就会认为该员工的职业价值观存在某种程度的问题。

▶ 理解和认可公司的程度

这涉及到一位员工怎样看待其正在服务的公司以及本公司之外的工作机会，包括怎样看待本公司所处的发展阶段、经营和管理中存在的问题、将有可能给自己带来的机会，以及公司对员工的各种要求……员工对公司的评价或看法，往往是通过"比较"而得来的，即当一位员工认为外面的公司更好、对员工的要求更合理、给员工的发展机会更多时，他便会认为自己所工作的企业不够好。反之，他就有可能更为理解和认可自己正在工作的公司。

有些员工并不看好自己正在服务的公司，认为公司中的问题成山成堆，在现在的公司工作不可能有什么出息，只是因为他暂时找不到更好的工作，所以才勉强在现在的公司工作。他们往往认为外面的公司可以给自己更多的机会，虽然那些机会只是想象中的。在这种认知之下，一旦有跳槽机会，他们就会毅然选择辞职。

这或许并无对错之分，只是他们因此将面临三个问题（如果不能有效解决，就将必然影响其职业发展）：其一，当他们并不看好正在工作的公司，却又不得不在公司继续工作时，他们不可能把工作做到最好；其二，当他们并不看好和信任公司，公司也不会看好和信任他们，加上他们不能把工作做到最好，公司便不可能把升职加薪的机会给到他们；其三，在当下的公司工作不好、不能被重用的员工，在新的用人单位眼中的价值也不会大，因为新的用人单位会更加看好那些在上一家工作单位表现优异的候选人（特别是对中高级人才而言）。

企业要求员工理解和认可公司是有其合理性的。具体表现在：当绝大多数员工能够理解和认可公司的现状和发展前景时，公司会因此而发展得更好，公司发展得更好，员工们的工作回报就会更多；反过来说，当一部分员工不理解和认可公司时，将会直接或间接地影响公司的发展，公司不能得到很好的发展，对所有员工的利益都会构成一定程度的影响。

在工作上投入时间、精力和情感的程度

现实中很多人一心想要从职场上获得更好的物质、精神和机会回报，但却没有准备付出足够的代价。他们不明白一个十分浅显的道理：不足够多地付出，便不可能足够多地得到。在任何一个职业领域、行业和企业中工作，所有的组织都要求其员工为工作投入足够的时间、精力和情感。当一位员工能够满足企业的这一要求时，企业就更有可能信任他、器重他；反之，企业就不会欢迎他，甚至会排斥他。而且，在所有的组织中，职位层级越高的人，组织对其付出的要求程度就会越高。

虽然从理论或道义上讲，企业对员工工作投入度的要求不能超越劳动法的范畴，但一个来自企业界的实践经验显示，在所有优秀的企业中，总有一大批不计较个人眼前利益得失的拼搏者/奋斗者，也正是因为有这样

的拼搏者/奋斗者，这些企业才发展成为优秀的企业。换言之，当一家企业中有大量的这类员工时，这家企业一般会发展得更好，企业发展得更好，意味着员工们获得的工作回报将会更大；反过来说，如果一家企业存在大量的不愿意为工作投入时间、精力和情感的员工，这家企业一定得不到更好的发展，企业得不到更好的发展，企业中每一位员工的利益也会因此而受到相应损害。

3. 职业价值观的"红黄绿灯"

运用红黄绿灯的概念，有助于人才们在第一时间对自身的职业价值观状态进行"对号入座"。好消息是，这一做法有助于每一个人清楚地看到自身职业价值观存在的问题及可以努力改善的方向；坏消息是，这一做法可能使得那些发现自己的职业价值观存在明显缺陷的人士感到沮丧甚至心生痛苦（但我们相信，在正常情况下，这种感受恰恰是一个人可以在这个方向上获得突破性进步的起点）。图3-2提供了人才们对自身的职业价值观进行红黄绿灯识别的工具图。

	对工作回报的满意程度	理解和认可公司的程度	在工作上投入时间、精力和情感的程度
红灯			
黄灯			
绿灯			

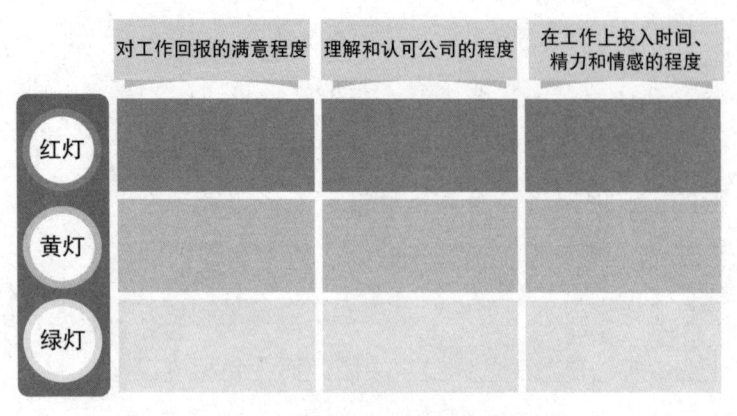

图3-2　职业价值观的红黄绿灯

红灯状态的职业价值观

当一个人的职业价值观处于红灯状态时，意味着他在与企业的利益交换关系中所秉持的是自利型思维、心态和行为倾向。所谓"自利型"，是指他总是习惯性地强调自身利益的得失，而几乎不关心或不能够理解企业的诉求。持有这种思维、心态和行为倾向的员工，在职业价值观的三项评价指标上具体表现如下。

对工作回报的满意程度

他们总是希望或要求公司给予自己更高的薪酬、福利或职位，而不考虑公司的承受能力；在其期望不能得到满足时，或当他们认为外部企业有可能满足其期望时，他们随时可能会选择辞职。

理解和认可公司的程度

他们总是从自身利益出发，抱怨或批评公司这也不行那也不好，却不愿意也不能理解公司所处的发展阶段，更不愿意也无法用发展的眼光看待公司存在的问题。因而，如果有在他们看来更好的企业向自己伸出"橄榄枝"，他们可能会随时选择辞职。

在工作上投入时间、精力和情感的程度

他们总是希望工作更轻松一些，工作不影响个人的生活和家庭，更不愿意为了企业的利益而主动承担责任；如果公司要求他们承担更多的责任，他们一定会要求公司给予对等的回报，否则他们便会拒绝或心存不满。因而，如果有更"人性化"的企业愿意聘用他们，他们也有可能随时选择辞职。

持有这类职业价值观的员工，往往严重缺乏职业安全感，以至于他们不相信公司，也不相信自己。造成这种状况的原因十分复杂，但最主要的原因肯定是，由于不被公司信任和倚重，他们为了保护自己的利益，便一直在自觉不自觉地自我强化这种对企业和自身都有害的职业价值观。这类员工很难为公司所容忍，一旦有合适的替代者，他们必然会在第一时间被淘汰。

黄灯状态的职业价值观

当一个人的职业价值观处于黄灯状态时，意味着他在与企业的利益交换关系中所秉持的是互利型思维、心态和行为倾向。所谓"互利型"，是指他总是习惯性地把自身与企业的关系视为"一个愿打，一个愿挨"的交换关系：既强调自身利益的得失，也一定程度地关心和照顾企业的利益诉求。持有这种思维、心态和行为倾向的员工，在职业价值观的三项评价指标上具体表现如下。

对工作回报的满意程度

他们虽然也希望公司给予自己更好的回报，但他们更知道，只有在自己获得更高的职业地位和为公司做出了更大的贡献以后，公司才可能给予自己更大的利益与机会。他们明白，自身与公司是互利合作、双向选择性的关系：公司不可能给自己以过高或过低的工作利益回报，自己和公司的利益关系是由市场法则来决定的。因而，他们对当下工作的公司所给予的工作回报总体上可接受，暂时不准备为了工作待遇问题而跳槽，除非外部的机会诱惑实在太大。

理解和认可公司的程度

他们有时候能够理解和体谅公司所处的发展阶段，以及在经营管理过程中面临的种种问题和困难，有时候则又不能理解和体谅；他们有时候会认为自己工作的公司问题成堆，而外面公司的风景优美无比，因而经常会产生"要是有好的机会就跳槽"的冲动，而有时候又会觉得自己所在的公司还是不错的，自己在公司继续工作有可能获得好的机会。然而，无论他们对公司面临的经营管理问题持有怎样的看法，在碰到问题时，他们第一时间想到的是"责任不在自己"，只有在企业要求他们承担解决特定问题的责任时，他们才会在职责范围内"不得不"尽力而为。

在工作上投入时间、精力和情感的程度

他们能够基本理解且在大多数时候也能满足来自公司或上级的高目标、高任务或加班加点工作的要求，但是内心里却并不情愿。他们希望工作压力更小一些，工作任务更轻松一些，最好能够不加班、少出差，而工资待遇则从优，因为只有这样，他们自己才可能有更多的时间用于休闲、休息和分担家庭的责任。不过，如果碰到公司搬迁，公司要求经常性出差，或者公司指派自

己到外地（含国外）工作，因而感到无法照顾家庭或有可能影响自己的身体健康时，他们有可能选择重新找工作。

对于职业价值观处于上述黄灯状态的员工来说，在整体发展状态及管理水平较差或中等的公司，他们往往可以被容忍，而在发展状态及管理水平良好（因而优秀人才们竞相加盟）的公司，他们将是被组织排斥的对象。即便在前一类公司中他们可以被容忍，但却很难获得升职机会。

绿灯状态的职业价值观

当一个人的职业价值观处于绿灯状态时，意味着他在与企业的利益交换关系中所秉持的是共利型思维、心态和行为倾向。所谓"共利型"，在此是指在其心目中，自己当下正在工作的企业就是自己最佳的职业归宿；他们相信企业（或老板）一定会善待自己，只要企业发展得更好，自己一定会得到更多。因而，他们愿意竭尽全力地承担企业赋予自己的使命与责任。持有这种思维、心态和行为倾向的员工，在职业价值观的三项评价指标上具体表现如下。

对工作回报的满意程度

他们基本上不考虑工作回报问题。这通常是出于以下原因中的一种或多种或全部。一是他们高度信任公司（或老板），相信公司（或老板）给予自己的工作回报是合理的；二是他们本身在公司已经获得了较高的工作回报，因而他们更关心工作的意义和未来机会；三是他们充分相信，只要公司发展得更好，自己未来一定会得到更大的工作回报；四是他们压根儿没有想到跳槽，也不愿意考虑外部企业是否会给予他们以更大的工作回报。

理解和认可公司的程度

他们充分理解公司所处的发展阶段，以及在经营管理过程中面临的问题，并坚信公司一定会发展得更好，且能在发展过程中解决自身面临的种种问题。他们之所以能够做到这样，通常出于以下原因：一是他们本身是公司中高层，有足够的理论水平和工作经验，同时肩负着公司发展的使命与责任；二是公司平时对他们的培育和训练有效，使得他们能够正确和积极地观察与思考问题；三是公司发展出了某种利益机制（比如合伙人制度），使他们的长期利益与公司的长期利益实现了高度捆绑；四是他们对工作回报的满意程度较高，因而能够更加坦然地面对公司在发展过程中的各种问题。

在工作上投入时间、精力和情感的程度

他们总是能够竭尽全力地为公司的发展高度付出，而且是自觉自愿的，即便公司对他们没有要求，他们也会竭尽全力地工作。从理论上讲，他们也会像大多数员工一样需要个人休息时间，需要有时间维系个人情感和照顾家庭。但是，他们却总是能够协调好工作和生活的关系。尽管他们也会面临工作和生活之间经常发生的种种冲突，但他们无不表现出"工作狂"的鲜明个性，不仅他们自己能够理解自身这种"工作狂"的个性，而且他们的亲朋好友也总能够在这个方面理解并支持他们。

当员工的职业价值观处于上述绿灯状态时，无论在哪一种类型的公司，他们都会被所在组织高度信任和倚重，在这种情况下，只要其所在的公司有发展前景，其个人的职业发展也必然会有良好的前景。

4. 合伙人应有的职业价值观

现在可以这么说了：职业价值观尚处于红灯状态的合伙人，与其作为公司合伙人的身份是完全不相符的；职业价值观处于黄灯状态的合伙人，与其作为公司合伙人的身份是不完全相符的；只有职业价值观处于绿灯状态的合伙人，与其作为公司合伙人的身份才是完全相符的。

有一种情况可以理解：在雇佣制环境下，一家企业中职业价值观处于绿灯状态的人才相对较少，这是比较正常的，因为绝大多数人才们不会无缘无故地呈现出绿灯状态的职业价值观。在这种情况下，一部分企业将那些尚不具备绿灯状态职业价值观的人才吸纳为合伙人，并寄希望于通过推行合伙人制，来促使他们的职业价值观升级，也是符合逻辑的。

▶ 绿灯状态职业价值观的三重价值

之所以要对合伙人的职业价值观提出"高标准、严要求"，是因为这一做法具有以下三重价值。

对公司的价值

当一家公司每一位合伙人或大多数合伙人的职业价值观处于绿灯状态时，这家公司一定会朝气蓬勃，发展态势良好。这意味着：公司能更好地抓住市场机会，竞争能力会更强；公司的发展现状和前景会更好，外部投资者、供应商、经销商和客户对本公司会更加充满信心；公司的文化更具向心力，更有能力和条件吸引和保留住优秀的人才。

对合伙人的价值

当一位合伙人的职业价值观处于绿灯状态时，通常会产生四大效应。

一是企业会更加信任和倚重于他，而这种信任和倚重会给他带来多种直接好处，如承担更重要的工作，升任更重要的职位，被授予更多的股份等。

二是当他被企业更加信任和倚重时，他在工作中会表现出更强的自信，也会使他在团队中赢得更多的尊重，而这种自信和被尊重，在极大程度上会促使他在其他能力素质项上的提升。

三是前述两个效应会促使他继续保持和不断提升自己的职业价值观，因而他在前述两点上的收益会更大

(形成良性循环)。

最后,当一家公司因为每一位合伙人或大多数合伙人具有绿灯状态的职业价值观,因而公司发展得更好时,意味着公司的资产价值将持续增长,而公司资产价值的持续增长,就是合伙人所持公司股份价值的持续增长。

对社会的价值

当一家公司的每一位合伙人或大多数合伙人的职业价值观都能够达到和保持绿灯状态时,意味着这家公司将更有力量和条件去推动社会的进步,因而公司中每一位合伙人的职业人生会更具价值和意义。

不难想象,这一局面即意味着:公司将会吸引到更多的优秀人才加盟,并将获得资本市场的更多青睐,进而将促使公司的发展势头更为强劲,从而进一步意味着公司对社会的影响力更为巨大(那些在优秀的大公司中"拼命"工作的人,不仅"累并快乐着",而且能够获得更多的家庭支持和社会赞誉,这是一个重要原因)。

建立绿灯状态职业价值观的实践要点

那么,一位合伙人怎样才能建立、提升和保持绿灯状态的职业价值观呢?我们认为,合伙人可以逐一针对职业价值观所涉及的三个层面展开思考并采取行动。

针对工作回报

在这一层面，所有合伙人都有必要依次建立以下四个层次的认知。

首先，在任何一个组织中，地位越高的人，从工作中得到的物质、精神和机会回报越大。换言之，当一个人在公司中的地位较低时，他要想从工作中得到更大的物质、精神和机会回报是不现实的。不现实而又期望强烈，便只能是自寻烦恼，这将不利于他的职业能力建设，最终对他获取更大的工作回报也是毫无意义的。

第二，所有的组织都是依据其发展所需来设计自身的组织结构、职务体系、薪酬体系和绩效体系的，并且一定是基于员工的职业价值观、能力和贡献来决定不同员工在组织中的地位和工作回报的。换言之，如果一位员工的职业价值观、能力和贡献不能满足所在组织的要求或标准，他便不可能获得自己希望得到的地位和工作回报。在这个意义上讲，员工与其关注工作回报，不如把关注的焦点放在如何满足组织对其职业价值观、能力和贡献的要求这个方向上，因为这样做更加符合自身的利益诉求。

第三，静态地看，任何一家企业所能给予员工的职位和工作回报都是有限的。在这种情况下，无论怎么绞尽脑汁地分配，大家的所得都将是有限的。但是，组织的发展是无限的，只要组织能够不断发展壮大，组织中"好的"职位就会因公司的规模扩大而相应增多，组织便有条件给员工带来更大的工作回报。世界上所有优秀的大企业，都是从小而弱发展到大而强的。当它们还是小而弱的企业时，它们所能给予员工的职位和回报都是有限的，但是随着不断发展壮大，它们带给员工的职业机会和工作回报也就相应地得到了扩展与增加。从这个意义上讲，一位真正希望上进的员工，与其关心自身当下在组织中的地位，还不如关心组织的发展；与其关心组织的发展，不如以一己之力为组织的发展做出应有的贡献。

最后，大量成功的职场人士，其个人所拥有的财富中，工资性收入占比极小，他们的大部分财富都来自于其所持有的公司股份所带来的收益。作为公司的合伙人，最大的幸运就是被公司授予了一定数量的股份。这意味着，只要公司有良好发展，个人就能从公司的发展中获得相应的回报。换言之，任何一位合伙人，即便其在公司的地位并没有变化，获得的工资性回报也没有大的变化，但只要公司的市场价值有增长，其个人收益就会增长。再换言之，任何一位合伙人，与其去关心自身在公司的地位和工资性回报，不如尽心尽力地为公司的发展做出应有的贡献。

针对如何看待公司

在这一层面,所有合伙人都有必要依次建立以下四个层次的认知。

首先,世界上所有的企业都是由小到大、由弱到强、由普通到优秀、由优秀到卓越而逐步发展起来的,企业的机会和利益也是随着企业的发展变化而变化的。没有哪家企业一开始便是大企业、强企业、优秀企业、卓越企业,也没有哪一家企业一开始便能够带给员工巨大的机会和工作回报,所有的企业都是在发展过程中不断拓展出对员工的价值的。在这个意义上讲,当一位员工看到自己工作的公司还很弱小,经营和管理问题层出不穷,不能给予自己理想的工作职位和利益时,不必悲观和失望。要相信,随着时间的推移,随着企业的发展,一切都将发生变化。事实上,当一家企业还十分弱小但潜力巨大时,加盟该企业的员工未来的职业发展机会会更大。

第二,企业的发展一般要经历三个大的阶段:创业期→成长期→成熟期。处在任何一个发展阶段的企业都会存在这样或那样的问题。通常,处在创业期的企业面临的主要是生存问题,处在成长期的企业面临的主要是管理有效性问题，处于成熟期的企业面临的主要是组织效率及灵活性问题。并且，需要特别提请注意的是，在企业从一个阶段向下一个阶段发展的过程中（两个发展阶段的"中缝"），往往问题集中爆发、管理动荡不断、矛盾错综复杂、人心容易涣散。其中，在创业期向成长期过渡的时期，企业面临的主要问题通常是，前期基本有效的个人化和经验化管理日趋无效，而组织所需要的组织化和制度化管理体系却还在探索之中，因而会出现一系列管理乱象、动荡和人事更迭。在成长期向成熟期过渡的时期，企业面临的主要问题通常是，过去的战略趋于无效，新的战略尚没有尝试成功，组织效率低，人浮于事，因而导致经营管理乱象丛生、人员更替不断。换言之，任何一家企业在发展过程中存在这样或那样的问题，都是再正常不过了，聪明的员工不必动辄因此而怀疑企业的前途。

第三，一般说来，在企业发展过程中，有些经营管理问题会因为人为努力而得到解决，有些经营管理问题会因为企业的发展而自动消失。比如，当老板的观念和意志发生变化，或企业引进了新的管理人才，处于创业后期的企业就有望通过建立起组织化和制度化的管理体系，来替代前期日趋无效的个人化和经验化管理模式；又比如，当宏观经济形势和产业经济形势向好时，企业的盈利会增加，企业盈利能力的改变，会使企业中固有的许多问题随即得到解决。换言之，聪明的员工应该以积极和发展的眼光与心态来看待公司发展过程中存在的这样或那样的问题。

最后，作为合伙人，在面对公司发展过程中必然会出现的这样或那样的问题时，不应做旁观者，更不能做牢骚者、抱怨者或逃避者，而应做解决问题的主导者或积极参与者。因为，合伙人不是普通员工，合伙人持有公司的股份，公司的利益就是自身的利益。

针对工作投入

在这一层面，所有合伙人都有必要依次建立以下三个层次的认知。

其一，世界上所有的职业成功人士之所以能够获得职业成功，一个很重要的原因是，他们始终能够为其所从事的事业或所在组织倾注几乎全部的时间、精力和情感。反过来说，几乎没有一个人可以不在事业或工作上投入时间、精力和情感而又能获得职业成功。

其二，世界上所有成功的公司，都有一大批愿意在工作上竭尽所能地投入时间、精力和情感的员工。正是由于有一大批这样的员工，他们所在的公司才得以不断发展和壮大。任何一家公司，如果缺少一批愿意为公司的事业而竭尽所能的奋斗者，公司一定做不大、走不远，这样的公司也不大可能为其员工带来更大的利益和机会。

最后，作为合伙人，因为持有公司的股份，公司发展得好与不好，自己都有不可推卸的责任。换言之，只有公司的所有合伙人都能不计较在工作上投入的时间、精力和情感，公司才可能有好的发展前景，每一位合伙人才可能从公司的未来发展中收获到理想的回报。如果有某一位合伙人认为，其他合伙人应为工作投入足够的时间、精力和情感，而自己却可以置身事外，那么他一定是比较自私的人，也是不配做合伙人的。

5. 自我评估与改善计划

现在请你对照前述内容，对自己的职业价值观状态进行一下自我评估。

如果你觉得自己的职业价值观具有十分良好的特征，那么你可以将其定义为绿灯状态。如果是这样，我们要祝贺你，因为你的职业价值观与你的合伙人身份是完全相符的。

如果你觉得自己的职业价值观具有十分明显的红灯特征，那么你就应该将其定义为红灯状态。如果是这样的话，你需要高度警惕，因为这不是作为公司合伙人应有的职业价值观状态，你应该立即改变自己的思维、心态和行为倾向。

如果你无法确定自己的职业价值观属于绿灯状态还是红灯状态（即定义为两者中的任一状态都觉得勉强），那么你的职业价值观十有八九便属于中间状态（黄灯）。如果是这样，意味着你需要对自己的职业价值观进行必要的提升，因为只有这样去做，才符合你作为公司合伙人的身份。

无论你的职业价值观是红灯状态还是黄灯状态，抑或已经达到了绿灯状态，作为合伙人，你都需要不断改善、提升和强化你的职业价值观。那么可以怎么做呢？请把你的提升要点或行动计划写在表3-2所示的对应栏目中。在填写时，你可以参考本章已经给出的相关观点和方法，也可以根据你自己的理解来自创观点和方法。

表3-2　　　　职业价值观自我评估和改善计划

状态分类	本人当前的状态（勾选）	改善要点/行动计划
红灯		
黄灯		
绿灯		

特别提示

一位合伙人如果能把职业价值观所涉及的三个层面的问题想明白,那是再好不过的事情了。但问题是,许多人在短时间内很难想明白这三个问题,甚至有的人一辈子也想不明白这三个问题。那么,在这种情况下,又该怎么办呢?我们对此的观点和建议是:想不明白就不用想明白了,你只要信任你追随的老板即可。

这看起来有教人"愚忠"的嫌疑。但对此,我们有两个理由足以说明:所谓"愚忠",极有可能恰恰是明智的选择。

理由之一是,在这个世界上,有许多职业非常成功的人士,他们在职业发展的过程中,想法是十分单纯的:认定一位值得自己信任的老板,跟随他/她往前走,老板交待的任务他们总是能够竭尽全力。他们也从不计较个人眼前的利益得失,老板给什么、给多少他们都会愉快接受。结果老板成功了,他们也因之而成功。这其中的机理就在于:①老板们都会高度信任和倚重这类人,因而在有机会时一定会优先将机会给予这类人；②老板身边这类人越多，老板越容易成功；③老板们无论是出于情感考虑，还是出于自身利益考虑，都会尽可能善待这类人。

理由之二是，本来想不明白上述三个问题，却又要硬着头皮勉强自己去想明白，往往是越想越糊涂。更要命的是，在想的过程中还有可能误入歧途而做出错误决定，结果是一步走错步步错。在这种情况下，还不如不去想。一种情况是不去想，选择相信老板或企业；一种情况是想不明白或有可能想出问题来。在"聪明人"看来，这两种选择都是有风险的。但我们想说，后者的风险将远远大于前者，这也是"憨人有憨福""聪明反被聪明误"这两句老话的道理所在。

第四章

修养2：
业务能力

- 对业务能力的认知
- 业务能力的评价指标
- 业务能力的"红黄绿灯"
- 合伙人应有的业务能力
- 自我评估与改善计划

任何一位合伙人都有特定的工作岗位，任何工作岗位都有特定的工作任务，岗位工作者完成特定岗位工作任务使之达到组织要求，过程中所涉及的能力条件就是业务能力。

一位合伙人的业务能力不足，会导致两个直接后果：一是企业和团队利益会因为他不能把岗位工作做到较优而受到一定程度的损害，二是其个人利益会因为他不能把岗位工作做到较优而受到一定程度的损害（否则便存在不公平）。合伙人的业务能力优劣，不仅与利益相关，还与合伙人的人格尊严相关：一位业务能力严重不足的合伙人，有可能会被组织或团队嫌弃甚至排斥，这将是一件让当事人感到羞耻的事情，至少他会觉得没有面子。因此，所有合伙人都有必要持续地修养和提升自己的业务能力。

修养和提升自己的业务能力有三个要领：一是熟悉构成业务能力的要点和要求，二是具有提升业务能力的强烈意愿，三是在工作实践中以高标准严格要求自己。

1. 对业务能力的认知

无论一个人在任何一个国家、区域、行业、企业、岗位上工作，业务能力都是其在职场上安身立命的本钱。

只要注意观察，你就会发现，业务能力与一个人的职业成就是可以画等号的：那些在职场上打拼多年却依然没有多少斩获的人，通常是因为他们在任何一个专业工作领域都不具备中等或接近中等水平的业务能力；那些在职场上比较成功的人士，通常是因为他们在特定的专业工作领域拥有中等以上的业务能力，因而业绩比较突出，组织对其倚重度较高；那些各行各业特别成功的人士，之所以特别成功，在极大程度上是因为他们在特定的专业或职业领域拥有一流的业务能力；那些在各类事业领域登峰造极的极少数"大字辈"人物，如大科学家、大企业家、大作家、大艺术家、大政治家、军事将领、特级厨师、一流工匠、一流艺人等，他们之所以能够取得迥异于绝大多数普通人的职业成就，是因为他们在特定的职业或专业领域拥有顶尖级业务能力。

从上述意义上说，任何一位职场人士，若要取得理想的职业成就，提高业务能力将是不二法门。

很有必要顺便表明一个观点：我们的研究发现，当一个人的业务能力足够强大时，他的职业价值观会趋向于优，反之会趋向于劣。这是因为，当一个人的业务能力足够强大时，他被组织倚重的程度高，因而组织给予他的工作回报就会大，当一个人具有顶尖能力，因而可以给所在组织带来巨大利益时，他不求名利，名利却反加诸其身。在这种情况下，他无须计较自身的利益得失，其职业价值观也就自然而然达到最优状态；反过来说，当一个人的业务能力低下时，便不会有组织愿意给予他足够的机会和利益，而他又总是希望获得理想的工作回报，于是他的职业价值观相关的一系列问题也就浮现出来了。

然而，所有的职场人士都有业务能力一说吗？业务能力具体又是指什么呢？只有弄清楚这两个问题，才能建立起对业务能力这一概念的全面正确认知，才能对一个人的业务能力进行评价，进而才有可能指导人们去有效地提升自己的业务能力。下面的内容就是对这两个问题的回答。

不同岗位的业务能力

一提到业务能力，很多人会立即想到，它是指那些从事具体工作的人们需要掌握或已经掌握的专业工作技能，比如销售人员的销售工作技能、会计人员的财会工作技能、生产作业人员的操作技能、研发人员的特定技术技能等等。这种理解是基本正确的，但却隐含了一些未解的问题：那些担任高级管理和领导岗位工作的人员是否也存在业务能力一说呢？那些从事监督或协助工作的人员是否也存在业务能力一说呢？我们的回答是肯定的：任何岗位工作都必然会涉及相应的业务能力。

为了方便大家快速理解，我们特地将一个组织中的专业工作岗位大致分为了四种类型。

- 操作岗位
- 管理岗位
- 领导岗位
- 专家岗位

不同的岗位工作者各自应具备的业务能力是不一样的。当然，在不同组织中，不同的岗位工作者可能会存在一定程度的角色交叉，比如一位低层级管理岗位的工作者可能会同时做一些操作岗位的工作，又比如一些管理和领导岗位的工作者会同时担任特定的专家角色。但是，这种有限范围或程度的交叉，并不妨碍我们对其各自所担任的主要角色的判断。

操作岗位

是指那些直接从事某些具体工作的岗位，比如营销部门的一线销售岗位、市场专员岗位、内勤专员岗位、客服专员岗位等。

这些岗位工作者的典型特征是不带团队，依靠自己的专业技能完成组织分派给本岗位的具体工作任务。这部分工作者的业务能力，就是他们所应具备的完成组织规定的具体工作任务所涉及的相关能力。

管理岗位

是指那些通过带领下属来实现本岗位工作目标的工作岗位。这些岗位的鲜明特征是直接下辖若干个操作岗位和（或）若干较低级别的管理岗位，比如营销部门的销售主管、市场主管、内勤主管、客服主管等。在一些中小企业，这些主管直接下辖若干操作岗位的员工；而在一些大中型企业，这些主管的直接下属则大多是基层管理岗位员工。

管理岗位的某些工作者，既可能只做单一专业范围的工作，也可能涉及多个专业范围的工作。前者如售后服务主管，他们所辖的工作岗位可能全部是专门负责处理电话投诉和咨询的客服专员。后者如销售主管，他们所辖的工作岗位可能既有专门负责电话销售的人员，又有新客户开发的人员，还有专门负责老客户关系维护的人员。更有甚者如市场部门经理，他们所辖的岗位人员既可能包括市场调研人员、营销策划人员、广告制作人员，还可能包括自媒体编辑、平面设计人员、媒体公关人员等。

无论管理岗位人员涉及的专业工作单一还是多样，他们的业务能力就是他们管理其所负责的业务工作所涉及的相关能力。

领导岗位

是指那些在企业中承担领导责任的工作岗位。关于领导者和管理者的区别，有一个公认的说法就是：领导者负责在战略层面和大的方向上做决策，也就是确保"做正确的事"；管理者负责在战术层面和落地执行上进行控制，也就是确保"正确地做事"。也可以认为，前者侧重于未来，引领方向和规划路线，注重改革创新；后者则侧重于当下，注重维持现状，追求既定业务/工作模式下的高效率。

在一家企业中，领导岗位所涉及的业务范围各不相同。有的领导岗位仅仅只负责一个专业范围内的业务，如营销副总或总监、生产副总或总监、研发副总或总监等；有的领导岗位需要负责横跨多个专业的业务，比如有些公司的行政副总既负责人事工作，也负责行政工作，还负责财务工作；而几乎所有企业的总经理则要对组织中所有的专业工作整体上负责任。

无论领导岗位人员涉及的专业工作范围有多么不同，他们的业务能力就是领导其所负责的业务工作所涉及的相关能力。

专家岗位

是指那些在组织中针对特定岗位提供专业指导或支持服务的岗位工作人员。他们既可能是专职工作者，也可能是兼职工作者；他们既可能专门负责指导或支持特定操作岗位的人员有效工作，也可能是专门负责指导或支持特定管理岗位的人员有效工作，又可能是专门负责指导或支持特定领导岗位的工作人员有效工作，还可能同时指导或支持多个层面的岗位人员有效工作。此外，他们的职务头衔既有可能叫作专家或顾问，也有可能叫作秘书或助理，还有可能叫作培训师或老师。

无论专家岗位人员涉及的专业工作范围有多么不同，他们的业务能力就是指导或支持其所负责的岗位工作人员有效工作所涉及的相关能力。

业务的共同特征

那么，又该如何识别不同类型岗位工作所应具备的能力范围呢？我们的研究显示，无论一位工作者在何种组织从事何种岗位工作，所有岗位工作者所需要的业务能力，一定会涉及四个方面的内容：工作目的、工作任务、工作流程、工作方法。它们构成了任何一个工作岗位所涉业务的基本内容。

对这四个方面的内容加以说明，将有助于我们理解所有岗位工作者的业务能力（尽管不同岗位的业务内容实际上大相径庭，以及在不同组织乃至同一组织不同时间里的相同岗位，其具体业务内容也是有很大区别的）。

工作目的

它是岗位存在的基本依据。任何岗位一定有其特定工作目的。比如，销售岗位存在的目的是销售公司的产品和服务，管理岗位存在的目的是带领团队完成特定的工作目标，领导岗位存在的目的是确保组织目标的实现，专家岗位存在的目的是帮助特定的岗位工作者更有效地工作。

岗位工作的目的是方向性的，在特定的工作周期内，它需要转换成为具体的工作目标，才能有效引领岗位工作者的工作思维与行为。比如，销售岗位工作者的目的是销售产品，但在某年某月，他应该努力取得怎样的销售业绩，这则是一个目标问题。

工作任务

任何岗位工作要实现其特定的工作目的，一定会涉及大量需要完成的工作事项，因为只有完成了所涉及的工作事项，才有可能实现其工作目标，继而实现其工作目的。比如，销售岗位的工作人员，要想实现某一年度的销售业绩目标，就必然会涉及到他在该年度要确保每一家老客户产生多少订单，要开发多少新客户，要如何维护客户关系，要如何选择和处理客户订单，要如何在公司内部加强沟通与协作，等等。又比如，一位创业公司的创始人要实现某一年度的融资目标，就必然会涉及到他在该年度要把公司的新产品开发到什么程度，要让公司的销售或利润达到什么水平，要把他的管理团队打造成什么模样，等等。

通常，为确保工作任务的有效完成，绝大多数组织会要求相关工作者制定与工作任务相匹配的工作计划。因为，工作计划是为达成工作目标、使工作任务有序有效展开的行动指南，也是上级工作者评估下级工作者是否能够有效完成工作任务的依据。

工作流程

提到任何一项工作任务，便一定会涉及到工作流程的问题。流程通常是指经实践检验能够确保工作高效进行的工作顺序。比如，销售人员开发新客户，一定会涉及定义目标客户→拜访目标客户（包括向目标客户介绍公司的产品或服务等）→与客户保持经常性联络与沟通→响应客户需求等，这就是工作流程。又比如，一位管理者要实现团队工作目标，一定会涉及目标制定与分解→计划制定与审议→监督计划执行→提供支持服务→分析与解决问题→总结与奖惩等，这也是工作流程。

并不是每一项工作任务都会有明晰的工作流程，但是，在管理规范的大公司，绝大多数岗位的核心工作任务都是有明确或明晰的标准化流程的，尽管所有的工作流程并非一成不变。流程之所以重要，在极大程度上是因为，通过相应的流程予以控制，可以确保高效率、高质量和低成本地完成工作任务。

工作方法

如上所述，完成任何一项工作任务一定涉及到相应的工作流程，而所有工作流程都是由特定的工作步骤构成的。凡是涉及到工作步骤，便一定会涉及相应的工作方法。工作方法就是处理那个工作步骤的具体工作所要运用到的知识、技能和要领。比如，销售人员要有效拜访一家新客户，一定会涉及拜访客户相关的知识、技能和要领；又比如，管理者要主持一次业务会议，一定会涉及会议管理相关的知识、技能和要领；再比如，领导者要说服团队成员接受自己的某一变革思想，一定会涉及与团队成员进行有效沟通所需要的知识、技能和要领。

企业中有些岗位工作是有明确和严格的工作规范的，比如生产部门大多数岗位的工作，特别是一线生产岗位人员的工作，大部分都有明确和规范的操作标准。而企业中的有些岗位工作，则没有明确规定的具体工作标准。比如，有些中小企业对销售人员在拜访客户过程中具体如何与客户进行沟通，并没有明确规定；又比如，管理者应如何组织一次业务工作会议，大多数企业也并没有具体予以规定。然而，无论如何，工作方法对于任何岗位工作者都是十分重要的，因为没有正确的工作方法，就不能有效地执行既定的工作流程和计划，也就无法确保高质量、高效率和低成本地实现工作目标/目的。

2. 业务能力的评价指标

如上所述,无论哪种岗位类型的工作者,其业务工作一定涉及工作目的、工作任务、工作流程和工作方法这四个方面的内容。但是,在评价一位岗位工作者的业务能力状态时,却不能机械地从这四个方向来进行评价,因为我们的观察和研究显示,这样做会面临一个问题:无法做到精准有效。比如,那些看样子什么都懂的岗位工作者,未必就能创造出最佳的工作业绩。为了解决这一问题,并为了突显我们进行此项能力素质评价的意图(引导人才积极学习与成长),我们特地开发出了如表4-1所示的可供任何一位岗位工作者对其自身的业务能力进行评价的三项指标。

表4-1 业务能力的三项评价指标

业务能力	①知识和经验
	②进取心和计划性
	③意志力和应变力

在多年的教学和咨询服务实践中,我们指导大量不同岗位的工作者使用这套方法系统评价其自身的业务能力,都能收到很好的效果,尤其是可以启示人们思考:

应如何在业务能力方向上提升自己,才能确保创造出更佳的岗位工作业绩?

知识和经验

知识在此是指特定岗位工作者对岗位业务工作内容(工作目的、工作任务、工作流程、工作方法)的了解与掌握程度;经验在此是指特定的岗位工作者实际从事或处理岗位业务工作的技能水平状态。

任何一位岗位工作者,要想把岗位工作做好,首先一定要有相应的业务知识和经验。比如,一位销售人员要做好销售工作,他必须懂得基本的销售知识,并要具备一定的销售经验,否则他的销售效率一定不会高,一定会走很多弯路。

又比如,一位管理岗位工作者要做好特定的管理工作,他必须懂得所分管业务的基本知识,并有相关业务管理经验,否则他的管理效率一定不会高,一定会走很多弯路。

相似的道理,一位身处领导岗位的工作者要做好其所负责领域的领导工作,他必须懂得做好领导工作所需的基本业务知识,并有相应的业务工作或领导经验,否则他的领导效率一定不会高,一定会走很多弯路。

进取心和计划性

一位具备相应知识和经验的岗位工作者,并不必然会创造出与其知识和经验相匹配的工作业绩。因为,如果该岗位工作者缺乏足够的工作进取心和工作计划性,他所拥有的知识和经验便不能最大化地转化为工作业绩。

进取心在此是指岗位工作者在制定工作目标时是倾向于保守,还是倾向于进取,抑或是只追求达到一般状态。计划性在此是指岗位工作者在有了工作目标之后,是否愿意和善于通过制定合理的工作计划来最大化地确保目标的达成。

任何一位岗位工作者,要想高效率地利用相关资源实现最佳的工作业绩,一定需要既善于合理地制定工作目标,又善于有效地安排工作计划。不善于制定工作目标,有可能会出现两个方面的问题:一是目标定得过低,这会使得个人或团队或企业的资源不能得到最大化利用;二是目标定得过高,这会使得因无法完成目标而导致个人或团队或企业产生某种程度的挫败感,还有可能影响自身的信用和形象。不善于制定工作计划,必然会导致的问题是"脚踩西瓜皮——滑到哪里算哪里",这样既浪费组织资源,又不利于个人的学习与成长。

任何一位岗位工作者，只有具备了必要的工作进取心和计划性，才能合理地使用各类相关资源，进而才能高效率、高质量和低成本地进行业务活动。比如，销售人员只有追求具有挑战性的销售目标，并为实现销售目标而制定出周密的销售工作计划，才能做到低成本、高效率和高质量地开发客户和拿取订单。又比如，管理岗位工作者只有追求具有挑战性的团队工作目标，并制定出周密有效的团队工作计划，才能创造出最大化的团队业绩，这对组织和团队每一个人都是有意义的（特别强调：工作计划可以验证工作目标的合理性，工作目标则能引领工作计划的有效性）。

意志力和应变力

一位岗位工作者具有一定的业务知识和经验，也能设置合理的工作目标，并能制定出有效的工作计划，是不是就意味着他一定能够创造出最佳的工作业绩呢？不一定。

因为在目标与计划执行过程中，他极有可能会碰到这样或那样的事前未曾预计到的变数，其变数既可能来自于组织内部，也可能来自于组织之外。来自组织内部的变数包括人员发生变化、资源得不到及时供应、新产品未能及时上市等，来自组织之外的变数包括国家法律与政策的变化、竞争因素的变化、客户行为的变化、自然环境的变化等。面对各种可能出现的变数,岗位工作者能否实现既定的工作目标,在极大程度上取决于其所具备的意志力和应变力。

所谓意志力,是指岗位工作者面对复杂变化时,是否能够坚持既定的目标不动摇;所谓应变力,是指岗位工作者是否能够基于变化,及时灵活地调整既定工作计划,采取新的策略方法,以求最大可能地确保既定目标的实现。

实践反复证明,在执行工作目标与计划的过程中,那些特别优秀的岗位工作者往往既有足够的意志力,又有足够的应变力;反过来说,那些怯懦者在面对变化时,可能会因不知如何应对变化却以变化为借口放弃既定目标。毫无疑问,前者既对组织的发展有利,也对个人的成长与职业发展有利,后者则恰恰相反。

3. 业务能力的"红黄绿灯"

运用红黄绿灯的概念,有助于人们在第一时间对自身的业务能力状态进行"对号入座"。好消息是,这一做法有助于每一个人清楚地看到自身业务能力存在的问题及可以努力改善的方向；坏消息是，这一做法可能使得那些发现自己在业务能力上存在明显缺陷的人士感到沮丧甚至心生痛苦（但我们相信，在正常情况下，这种感受恰恰是一个人可以在这个方向上获得突破性进步的起点）。图4-1提供了人才们对自身的业务能力进行红黄绿灯识别的工具图。

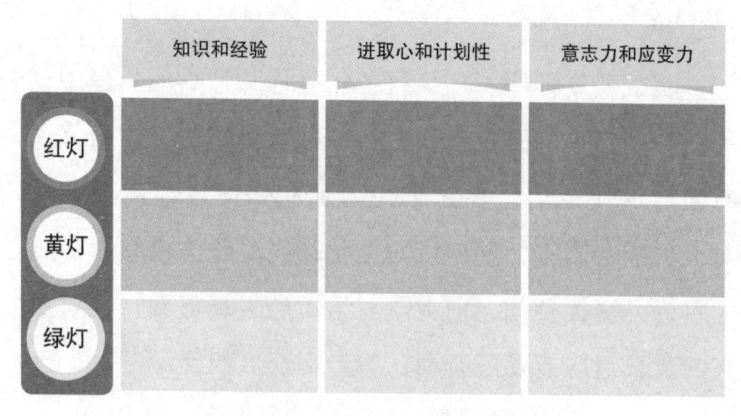

图4-1 业务能力的红黄绿灯

红灯状态的业务能力

当一位员工的业务能力处于红灯状态时，意味着他的这项能力总体上处于比较低级的水平。一般而言，这类员工在业务能力的三项评价指标上有以下具体表现。

知识和经验

他们在总体上既缺乏业务知识，也缺乏业务经验。他们既可能完全没有业务知识，也可能只有一鳞半爪的业务知识；既可能完全没有业务经验，也可能仅有极少的业务经验。这通常是因为，他们从事岗位工作的时间很短，又没有接受过专门的训练。需要特别说明的是，处于这一业务能力状态的人，也有可能属于以下情况：由于他们在从事岗位工作之前受过一定的训练，因而拥有一定的业务知识，但由于从事岗位工作的时间极短，故而尚没有建立起相关业务经验；或者，他们虽然有一定的业务经验，但由于他们不爱好学习或者没有学习机会，故而严重缺乏业务知识。

进取心和计划性

他们大多没有做出较好业绩的意愿或动力，仅仅只是为应付组织或领导要求而不得不制定工作目标与计划，或者在实际工作中已经习惯于"脚踩西瓜皮——滑到哪里算哪里"。需要特别说明的是，这类人也会在心血来潮时制定出"像模像样"的工作目标和"有鼻子有眼"的工作计划，但由于他们的目标与计划只是来源于一时的心血来潮，故而在绝大多数时候形同虚设。

意志力和应变力

他们在工作目标与计划的执行过程中所表现的意志力和应变力总体上处于较差的状态。具体表现为：习惯于为完不成业绩目标或不能执行工作计划而寻找各种各样的借口；在碰到事前没有预计到的困难、问题或挫折时，便止步不前。需要特别说明：有些人虽然也能在过程中表现出中等状态的意志力和应变力，但由于其不具备与之相匹配的业务知识和经验，以及进取心和计划性不强，故而总体上看，其工作效果仍然处于较差状态。

当一位员工的业务能力处于上述红灯状态，或者该员工身上存在以上所描述的明显特征时，意味着一般情况下他只能取得较差的业绩成果。换言之，当一位员工的业绩成果长时间处于较差状态时，大致可以认定，他在上述三个层次上总体处于红灯状态。

在强势公司，这类员工通常是被淘汰的对象，或者有可能会被安排转岗。经营状况不好或管理能力较差的公司，会一定程度地容忍这类员工继续存在，但容忍的时间通常也是有限的。理论上讲，这类员工的内心也是有一定痛苦感的，因为业务能力较差，意味着业绩必然较差；而业绩较差，则意味着其个人收入不会高，职业前景渺茫，个人的尊严受到挑战。

黄灯状态的业务能力

当一位员工的业务能力处于黄灯状态时,意味着他的这项能力总体上处于中等水平。一般而言,这类员工在业务能力的三项评价指标上有以下具体表现。

知识和经验

他们的业务知识和经验总体上处于中等状态。具体表现为:有一定的业务知识和经验,但不够系统;或者有比较系统全面的理论知识,但工作经验相对较少;或者有比较丰富的工作经验,但没有将经验转化为比较系统的理论认知。

进取心和计划性

他们的工作进取心和计划性总体上也处于中等状态。具体表现为:希望取得较好的业绩,但计划性不强或计划意愿不足;或者有一定的计划技能,但进取心不足。

意志力和应变力

他们的意志力和应变力总体上同样处于中等状态。具体表现为:虽然意志力较强,但却缺乏应变力;或者应变力较强，但意志力不足。总体上说，他们习惯于随大流，缺乏锐意进取、迎难而上、锲而不舍的拼搏精神。

当一位员工的业务能力处于上述黄灯状态，或者该员工身上存在以上所描述的明显特征时，意味着他的业绩一般情况下只能达到中等水平（虽然有时业绩较差，有时业绩不错，但总体上处于中游水平）。换言之，当一位员工的业绩水平长时间处于中游状态时，大致可以认定，他在上述三个层次上总体处于黄灯状态。

无论在哪一类公司，这类员工的占比都是较大的。因为大多数员工都是处于这样的业务能力状态，所以所有的公司对这类员工都是比较宽容的，虽然不会把加薪和升职的机会优先给予他们，但也不会强力排斥他们。在这种情况下，他们中的大多数人通常会安于现状，自我提升的动力不足。理论上讲，要提升这类员工的业务能力，更需要采取组织化的管理策略，因为只有在组织给予他们以更大引力和压力的情况下，才有可能激发出他们追求上进的内在动力。

绿灯状态的业务能力

当一位员工的业务能力处于绿灯状态时，意味着他的这项能力总体上处于高级水平。一般而言，这类员工在业务能力的三项评价指标上有以下具体表现。

知识和经验

总体上讲,他们既有丰富的业务知识,又有丰富的工作经验。但需要特别说明的是,他们拥有丰富的业务知识和经验,并不意味着一定经历过系统化的训练或拥有丰富的相关工作经历。因为,当一个人具有较强的进取心和计划性、意志力和应变力之后,如果他具备足够高的悟性,他便可以通过高强度的学习和极度专注于实践,来快速建立起相关业务知识和经验。

进取心和计划性

他们的进取心和计划性总体上也处于优良状态。具体表现为:极力希望成为业绩优秀者或保有优秀工作者地位,总是能够不断地挑战更高的业绩目标,且能够自觉自愿地为实现既定的业绩目标而制定出有效的行动计划。

意志力和应变力

他们具有极强的达成既定目标的意志力,并且在计划执行过程中,极其善于因势利导、随机应变。具体表现为:总是能够以积极的心态谨慎地面对各种变化和迎接各种挑战,具有不怕挫折、锲而不舍、不达目的誓不罢休的斗志,甚至为达成既定工作目标,他们经常会"不择手段"。

当一位员工的业务能力处于上述绿灯状态,或者该员工身上存在以上所描述的明显特征时,意味着他的业绩一般情况下都能达到最优水平。换言之,当一位员工的业绩水平能够长时间保持在优异状态时,完全可以认定,他在上述三个能力层次上处于绿灯状态。

无论在哪一类公司,这类员工都会受到企业高度倚重,因而他们的收入会高于同级别的其他员工;企业若出现升职机会,一定会优先给予他们。

4. 合伙人应有的业务能力

现在可以这么说了:业务能力尚处于红灯状态的合伙人,与其作为公司合伙人的身份是完全不相符的;业务能力处于黄灯状态的合伙人,与其作为公司合伙人的身份是不完全相符的;只有业务能力处于绿灯状态的合伙人,与其作为公司合伙人的身份才是完全相符的。

绿灯状态业务能力的三重价值

之所以要对合伙人的业务能力提出"高标准、严要求",是因为这一做法具有以下三重价值。

对公司的价值

当一家公司每一位合伙人或大多数合伙人的业务能力处于绿灯状态时,通常会出现以下三大对该公司发展具有积极正面意义的效应。

其一,公司的效率会更高,包括资金资源、人力资源、时间资源、品牌资源和机会资源的使用效率。这意味着公司的盈利状况会更好。

其二,公司整合外部资源的能力会更强,包括整合资本资源、市场资源、供应链资源、人力资源、技术资源和政府资源等。这意味着在下一阶段,公司将具有更强的品牌影响力和市场竞争力,并使公司更有条件整合利用更多更优质的各种外部资源。

其三,在上述两种效应下,公司更有意愿、能力和自信来进一步提高自身的技术和经营管理能力,包括开发出更具竞争力和渗透力的技术产品,运用更为先进高效的技术设备,采取更加积极的业务和市场战略,引入更为先进的管理技术,等等。当这种情况发生时,公司发展的"飞轮"（《从优秀到卓越》一书中的著名观点——飞轮效应）会旋转得更为快速。

对合伙人的价值

当一家公司由于合伙人群体的业务能力较强而出现了上述公司层面的积极效应时，这些效应会给该公司的每一位合伙人带来两大直接利益。一是每一位合伙人的身价会因为公司的资产增值而上升。因为，合伙人均持有公司的股份，公司任何价值的增加都是合伙人个人所持股份的增值。即便某一位合伙人的工作内容、工作量和工作业绩每年保持不变，公司在任何细小方面向好，包括公司的产品在世界上一个不知名的城市出现销售增长，都将导致每一位合伙人所持股份的增值。二是上述效应出现以后，意味着公司的业务规模、销售规模、组织规模和人员规模会不断扩大。在这一效应下，每一位合伙人在公司的地位和利益会因之而"水涨船高"。比如，一位营销总监合伙人，在公司大规模扩张以后，他很自然地就会成为公司的营销总经理或副总经理或事业部总经理。换言之，每一位合伙人都会因为公司的发展而收获到更大的物质、精神和机会回报。

与此同时，当一位合伙人的业务能力处于绿灯状态时，他将获得比其他人更大的物质、精神和机会回报。

这很好理解。当一位合伙人比其他合伙人的业务能力更强，他获得的工资、奖金和股份分红会更多（按照我们在《合伙人制度顶层设计》一书中的主张，合伙人的分红应与其贡献高度挂钩），他将在组织内部获得更多的尊重甚至于景仰，因而他在组织内部的影响力会因此而提升，进而他更有机会获得更高级的职位。一旦这些情况发生，便意味着他的收入、影响力和将获取的股份也会进一步水涨船高。

对社会的价值

当一家公司因为合伙人群体的业务能力更强而导致公司发展更好，以及每一位合伙人因为业务能力更强而导致自身得到更大的物质、精神和机会回报时，就必然对社会也构成了积极贡献。这种对社会的价值主要体现在以下两个方面。

其一，这样的公司必然会吸引更多的优秀员工前往工作，并且必然会带给每一位员工以更大的物质、精神和机会回报。这不仅对每一位进入公司工作的员工个人及其家庭意义非凡，而且对促进社会人力资源的利用与开发，乃至促进社会的分配公平也有积极正面意义。

其二，当一家公司具有前述效应时，意味着该公司更有意愿与能力促进社会进步，包括促使相关社会资源

（资金、技术、人力、时间）的更合理利用，引领或推动或促进技术的进步，引领或推动或促使行业和产业市场的更高效整合，对国家竞争力的贡献，对国家税收的贡献，对特定范围内的民众职业价值观的影响，等等。

此外，合伙人的职业越是成功，其对社会的正面影响越大。这种影响首先会从他的家人及身边的人群开始，其影响范围越广，对社会的贡献度越高。同时，合伙人的能力素质越高，其担当社会责任的意愿与能力也会越强，这本身也构成一种社会价值。

不能小觑了上述社会价值。因为，存在大量优秀公司的国家、地区或城市，其文明程度一定高于缺乏优秀公司的国家、地区或城市。

建立绿灯状态业务能力的实践要点

那么，一位合伙人怎样才能建立、提升和保持绿灯状态的业务能力呢？我们认为，合伙人可以逐一针对业务能力所涉及的三个层面展开思考并采取行动。

针对知识和经验

无论一个人从事何种岗位工作，他要想在那个岗位上立足，进而取得让组织满意的工作业绩，并给自己带来更大的工作回报，他就必须首先有足够的相关业务知识和经验。因为，在缺乏相关业务知识和经验的情况下，他便不能有效地理解工作；在不能有效理解工作的情况下，他便不可能有效地建立相关工作能力并产出好的工作业绩。

在理解业务知识和经验的重要性和必要性方面，我们发现现实中存在两种很普遍的现象。一种现象是，那些率先从书本上或课堂上学习到了一些相关业务知识的人，会自以为已经掌握了系统的业务知识，因而轻视实践经验的重要性。他们往往会用从书本上或课堂上习得的知识来理解现实工作，甚至机械地将所学知识应用于工作实践，而一旦在实践中碰壁，他们往往不是反思所学知识的有效性，更不是基于实践的需要来取舍和改造所学知识，而是盲目地用所学知识作为"尺度"来评价实践，进而会抱怨知识的应用环境不好。这类人显然掉进了"教条主义"的陷阱。

与教条主义者相反，现实中还有一类人叫作"经验主义者"（另一种现象）。因为他们先有经验，并经常看到理论知识在许多时候并不能原封不动地有效应用于实践，或理论知识在应用于实践过程中常常碰壁，再加上他们学习理论知识可能会存在一定的能力障碍，他们于是会偏执地甚至于幸灾乐祸地认为理论知识无用，因而拒绝学习理论知识。

事实上，理论知识和实践经验同等重要，因为两者可以相互修正和彼此促进：以正确的心态运用理论知识，可以发现实践过程中存在的问题或不足，从而不断改善实践方法；以正确的心态运用实践经验，有助于快速消化和转化理论知识，使理论知识真正为实践所用。

大凡取得了非凡职业成功的人，通常既懂理论知识，又有丰富的实践经验。偏废任何一端，都将妨碍自己取得应有的职业成功。因为理论知识和实践经验同等重要，所以我们发现：军队会把那些拥有实战经验的指挥员送到军事院校深造，同时会把那些军事院校的学生送到部队实习；科学家们一定会在从事研究发明工作之余，利用各种途径学习最新的理论知识，而理论知识的研究者们一定会寻找各种机会在实践中应用自己的观点或发明。

关于建立业务知识和经验，最后我们想表明以下核心观点、心得和建议：所有专业理论知识都是由概念和逻辑构成的，所有专业经验都是由流程和方法构成的；在学习理论知识时，有效的方法是记住、理解所有的概念和方法体系，使之在自己的脑海里形成书籍目录式的架构或模型，这是学习理论知识的捷径；在建立实践经验时，有效的方法是充分了解、熟悉、掌握和深究业务工作的流程和每一步骤的方法要领，做到这一点就能快速地建立起实践经验；当我们善于同时在此两个方向上用足心思时，就将发现我们的理论知识中有大量的实践经验，我们的实践经验中有大量的理论知识。

针对进取心和计划性

无论什么类型岗位的工作者，在创造业绩的过程中，进取心和计划性这两点都是同等重要的：进取心是制定计划的指针，因为工作计划是围绕工作目标来展开的，因而如果工作目标设置出现问题，工作计划便必然会存在问题；计划性是保障目标实现的条件，也是设置目标的参考依据，因为没有有效的工作计划，便不能确保工作目标的实现（在没有计划或计划存在问题的情况下实现了工作目标，那只有一种可能，就是目标定得太低）。

大凡职业成功的人士都有极强的进取心，他们在设置工作目标时，总是会一定程度地超越自己或团队的现实工作能力。因为，他们都能够自觉或不自觉地知道，以高标准来严格要求自己和团队，一定会产生两个直接效应：一是有可能创造出最佳的工作业绩，二是个人和团队的能力会因为持续挑战高工作目标而得到快速提升。

的确如此，只有一个人希望取得最佳业绩时，他才有可能最终获得最佳业绩；他希望取得最佳业绩，最终不一定能够取得最佳业绩，但至少也会取得不错的业绩（所谓"求其上取其中，求其中取其下"）。追求高目标的另一个好处是，一个人为了实现高目标，他就必须调动一切资源和自身潜力来服务于他的高目标。这样一来，其个人能力会在这一过程中得到最大程度的开发，即便最终他的高目标并不能如愿以偿地实现，这个过程也会导致他的能力大幅度提升。

　　计划的必要性往往是与追求高目标紧密关联的。试想一下，当一个人并不想追求高目标时，他通常只需要按制度要求"潇洒"地工作即可，因为他的目标完全在他的能力范围之内，他只要运用既定的经验和现成的资源，就能比较轻松地实现自己的目标。在这种情况下，他也就无须制定出严密细致的工作计划来（从这个意义上说，那些不重视工作计划却也能完成目标的工作者，可以肯定其目标定得太低了）。

　　与之相反，当一个人将工作目标定得超出其现实能力时，意味着他必须合理地使用时间和相关资源，合理地安排工作节奏，精心地设计工作相互衔接的时机，才能确保最大可能地实现工作目标（从这个意义上说，那些在制定工作计划这件事情上总是能够花很多心思的岗位工作者，其工作目标的设置往往是比较合理的）。

以上论述，阐明了一个浅显而又深刻的道理：每一位合伙人都要有进取心和计划性。有进取心，意味着要敢于不断地挑战较高的工作目标；有计划性，就是要善于设计周密的行动方案来确保目标的完成。进取心和计划性不仅关系到自己能够取得怎样的业绩，更关系到自身能够建立起怎样的业务能力。

合伙人提升目标与计划能力的关键是要有进取心。有了足够的进取心，就会不断地挑战高于自己现实能力的工作目标；为了保证目标的实现，便必然会要求自己制定出周详可行的行动计划；为了实现高目标并制定出周详可行的行动计划，就会不拘一格地学习相关知识和经验；于是，接下来便有信心挑战更高的工作目标，个人的业务能力进而会不断地向高处拓展……

合伙人提升目标与计划能力的关键障碍有可能来自于认知领域：挑战较高的业绩目标，很有可能意味着下一阶段组织对自己的业绩考核会不断加码，即很有可能意味着自己需要持续付出更大的努力，而个人的现实所得未必会同步增长。对此问题的正确认知，涉及到一个关键点：合伙人不能斤斤计较于眼前利益的得失。事实上，这种进取精神最终会导致个人股份收益、合伙人身份层级和职业地位的上升，所以我们经常说这样一句话：能者多劳，多劳者多能，多能多劳者必得厚报。

针对意志力和应变力

无论什么类型岗位的工作者,在其工作目标与计划制定以后,都将面临一个问题:如何确保有效执行。通常,职位层级越高,其工作目标与计划在执行过程中将要面临的变数越多。这也是许多职场人士不愿意制定工作目标与计划的冠冕堂皇的理由,同时还是许多企业轻视目标与计划管理工作的原因。然而,我们不得不说,正因如此,所以我们才提出意志力和应变力是任何一位岗位工作者的业务能力的重要组成部分。

意志力和应变力也是紧密关联的:意志力所隐含的对工作者的要求是,无论计划执行的环境因素发生什么变化,都要尽最大努力确保目标最大可能地实现;应变力所隐含的对工作者的要求是,为了确保既定目标的实现,应根据变化的环境因素及时有效地调整工作计划(策略与方法)。

现实中,那些有极强意志力的人,通常也会有极强的应变力。很多人会有这样一种看法:一个人之所以有较强的意志力,是因为他有较强的应变力。这种观点是不无道理的,因为"艺高人胆大"。然而,还有另一种可能:当一个人有了坚强的意志时,他便会生发出相应的应变力,所谓"办法总比困难多"。事实上,这两点是互为因果的：当一个人有了较强的意志力后，他为了实现自己的意志，就会穷尽一切办法，如此一来，他的应变力也会不断提高；由于其应变力增强，他在下一阶段便会更有条件、经验和自信来坚持自己的意志。

换言之，如果一个人在执行目标与计划的过程中，因为环境因素改变而放弃了自己的目标或没有坚定的意志，他便不会去应变；因为不去应变，他也就无法建立和提升自己的应变能力，进而也就不会有坚定的意志。

经过以上论述，一个道理已经十分清楚：提升意志力和应变力的关键是要有意志力；有了意志力，就能带动应变力的提升。从这个意义上说，加强意志力的训练，强化不达目的誓不罢休的个人职业性格，将是建立和提升自身业务能力的不二法门。

5. 自我评估与改善计划

现在请你对照前述内容，对自己的业务能力状态进行一下自我评估——

如果你觉得自己的业务能力具有十分良好的特征，

那么你可以将其定义为绿灯状态。如果是这样，我们要祝贺你，因为你的业务能力与你的合伙人身份是完全相符的。

如果你觉得自己的业务能力具有十分明显的红灯特征，那么你就应该将其定义为红灯状态。如果是这样的话，你需要高度警惕，因为这不是作为公司合伙人应有的业务能力状态，你必须立即设法加以改变。

如果你无法确定自己的业务能力属于绿灯状态还是红灯状态（即定义为两者中的任一状态都觉得勉强），那么你的业务能力十有八九便属于中间状态（黄灯）。如果是这样，意味着你需要对自己的业务能力进行必要的提升，因为只有这样去做，才符合你作为公司合伙人的身份。

无论你的业务能力是红灯状态还是黄灯状态，抑或已经达到了绿灯状态，作为合伙人，你都需要不断改善、提升和强化你的业务能力。那么可以怎么做呢？请把你的提升要点或行动计划写在表4-2所示的对应栏目中。在填写时，你可以参考本章已经给出的相关观点和方法，也可以根据你自己的理解来自创观点和方法。

表4-2　　　　业务能力自我评估和改善计划

状态分类	本人当前的状态（勾选）	改善要点/行动计划
红灯		
黄灯		
绿灯		

特别提示

建立和提升业务能力的最有效办法是：愿意持续不断地和坚定地挑战自己能力的极限（进取心和意志力）。当一个人有了这种精神时，他的业务知识和经验会迅速丰富起来，他的计划性和应变力也会逐渐得以提升。

大多数人在心血来潮时，也会产生敢于挑战自己能力极限的勇气。然而，他们往往有两种倾向：一是在挑战能力极限的过程中碰到问题、困难和挫折时，会选择放弃；二是计较于挑战能力极限是否值得。针对第一种倾向，我们的观点是：挑战高目标，面临问题、困难和挫折是正常和必然的，只要你坚持既定的方向与目标，便一定能够找到解决问题、克服困难和战胜挫折的办法。针对第二种倾向，我们的观点是：个人的潜能会因为敢于挑战极限而得到最大化地开发或释放，它意味着自己的业务能力会得到持续提升，而不断提升的业务能力，最终会加倍地补偿此前为之而付出的所有努力。

可以说，所有取得非凡职业成功的人士，都是这样思考问题的。

第五章

修养3：团队管理能力

- 团队管理概述
- 团队管理能力的评价指标
- 团队管理能力的"红黄绿灯"
- 合伙人应有的团队管理能力
- 自我评估与改善计划

之所以把团队管理能力作为合伙人必备的核心能力项，主要出于两点考虑。其一，大多数合伙人都是不同层级管理或领导岗位的人才，管理团队的能力是他们必备的核心能力；即便有些合伙人暂时不在管理岗位工作，也至少在一定程度上参与或协助特定的管理或领导者进行团队管理工作，而且他们在未来极有可能要担任管理工作。

其二，随着时代的变迁，所有的企业要想取得成功，一定需要有与其事业发展需求相匹配的各层级人才团队及其相应的团队管理能力；团队管理能力不仅关系到企业的兴衰成败，也毫无疑问关系到合伙人个人的利益得失。

市面上"团队管理"主题的书籍、文章和商业课程已经汗牛充栋，因而每一位身处管理或领导岗位的合伙人，他们往往已经通过各种途径掌握了大量团队管理相关的知识，还一定程度地拥有管理团队的实际经验，但这并不意味着他们已经是团队管理的行家里手了。

本章将从一个有别于传统的视角来快速说明团队管理的基本任务、适用策略以及团队管理能力的构成，并在此基础上给出合伙人提升团队管理能力的方法与工具。

1. 团队管理概述

"团队管理"是一个宏大的命题，涉及十分广泛的内容。在过去几十年间，大量的教科书、商业图书、专题文章和商业课程均围绕这一命题给出了大量的观点，并提出了形形色色的建议。其中，有些观点和建议具有一定的启示和指导实践的价值，但也有许多的观点和建议则只是理论家们在那里自说自话、隔靴搔痒。

团队管理要讨论的问题无非是：管理者如何带领团队成员更高效地达成组织要求的工作目标，以及在此过程中，管理者如何针对其团队成员的特点或情况而有效地施加影响。

必须首先指出一点：一位管理者对其团队的影响力，在相当程度上来源于其所在企业组织对员工的影响力。当一家企业业务战略无效、管理文化落后、经营状况不佳、发展前景堪忧，因而不能满足员工们对工作回报的基本要求时，企业中的任何管理者管理其团队的效果都不可能达到优良状态,并且在这种情况下,极有可能管理者自身的思维、心态和行为都会存在这样或那样的问题;反过来说,当一家企业业务战略有效、管理文化先进、经营状况极佳、发展前景美好,因而能够同时带给员工们以巨大的现实或可预期的物质、精神和机会回报时,即便这家企业中的各级管理者管理团队的能力有所欠缺,其往往也会有较好的团队"管理"效果,并且在这种情况下,该企业中各级管理者的团队管理能力通常不会低于中等水平。

换言之,一位管理者影响或管理团队的能力,将无法超越其所在企业组织对员工的潜在影响力。但是,管理者只有具备了一定的管理团队的能力,才有可能最大化地利用或挖掘出企业组织对员工的潜在影响力。再换言之,我们在本章中给出的观点和建议,是假定在企业对员工具备良好的潜在影响力这一条件之上的。

图5-1给出了我们关于团队管理的基本理论框架:横坐标显示的是团队管理的四项基本任务,纵坐标显示的是管理团队必须同时采取的四种策略。我们认为,将这个矩阵图承载的思想理解清楚,就能大致说明:团队管理的作用究竟是什么?以及是哪些因素在决定团队管理的效能?

策略＼任务	人才招聘	人才使用	人才培育	人才保留
予之以利				
示之以威				
动之以情				
晓之以理				

图5-1　团队管理矩阵

四项任务

任何一个团队都是依附于特定的业务而存在的，团队管理的目的是服务于特定业务目标的。毫无疑问，这一点大家都明白，故而无须赘言。

我们认为，团队管理的全部内容可以概括为四个方向：招聘（含遴选）、使用、培育和保留。理由是，如果一位管理者能够真正全面有效地解决团队成员的招聘、使用、培育和保留问题，那么其团队管理的所有问题也就不复存在了。对此观点的理解，需要首先定义团队成员的招聘、使用、培育和保留各自涉及的具体内容是什么，而对这四个方向的内容进行说明，也即是对团队管理核心任务的描述。

人才招聘

这是团队管理的第一项核心任务。这项任务通常涉及两个方面的内容。其一，一个团队需要从企业组织之外招聘新的个体成员，这种招聘既有可能是增加新的成员，也有可能是补充因"老的"成员离职或工作调动而形成的职位空缺；其二，一个团队需要从企业组织内部遴选出合适的人员加入本团队，这同样既包括增加新的团队成员，也包括补充因原有团队成员离职或工作调动而形成的职位空缺。

招聘到合适的团队成员是团队管理工作的"入口"，因而是非常重要的。其重要性在于，如果一个团队所需要的任何一种能力素质的人都能够轻而易举地获得，那么这个团队便基本上不会再有什么管理问题了。试想，一位销售管理者，无论他需要多少销售人员，需要什么样的销售人员，组织内部或组织外部都可以及时充足地供应，包括他在用人过程中发现部分人员不称职或者"不听话"或者有些团队成员离职，他也能及时地找到满意的人员来予以替换或补充，那么他在管理其团队时，还会有什么大不了的问题呢？

事实上，许多团队管理问题之所以存在，在相当程度上是因为不能及时获得团队有效运作所需要的足够数量和能力素质的人才。因为招聘不到足够数量的令人满意的人才，又急需用人，在这种情况下，便必然会（或不得不）相应地降低用人标准。而降低用人标准便必然会带来一系列后果：使用过程中人才工作意愿或能力不足，培养过程中人才缺乏学习意愿或能力，保留过程中一些人可能随时因为某种原因而另谋高就。所以，团队成员的招聘是团队管理的重中之重。

然而，要招聘或遴选到足够数量和令人满意的团队成员，通常情况下并不容易做到，甚至可以预见，随着时间的推移将会越来越难于做到。尽管如此，所有的组织还是在人才招聘方面绞尽脑汁、穷尽办法。道理很简单，不这样做的话，将更难于获得足够数量和令人满意的人才。

顺便指出一点：招聘人才之所以存在难度，除了外部人力资源市场方面的原因以外，在极大程度上是因为企业或管理者没有做好内部人才的使用、培育和保留工作，因为如果企业或管理者在这三个方面做得很好，那么招聘人才的压力便将相应降低。

要招聘到足够数量和令人满意的人才，一定会涉及三个问题：其一，究竟需要什么样的人才？这是一个有关招聘需求和对候选人的评估标准问题；其二，从哪里获取到所需要的人才？这是一个招聘渠道选择和招聘方法运用问题；其三，拿什么来吸引所需要的人才？这是一个如何满足人才对工作回报的要求的问题。限于篇幅，我们在此不对这三个问题展开论述，相关论述将放在《合伙人的管理与培养》一书中。

人才使用

团队管理的第二项核心任务是如何有效地使用人才，具体是指如何确保团队成员最有效地彼此协同、创造出最佳工作成果。

在如何使用人才这个方向上，涉及到三个非常重要但却常常被企业忽视的问题。

其一，如何定义一位人才的岗位职责范围？

这是一个看似"小菜一碟"的问题，但实际上却是许多企业招不到、用不好和无法有效培养与保留人才的至要之点。大多数企业都希望员工承担更多的工作任务，并且把每一项工作都做到尽可能高的水准。

当一家企业这样希望并基于此来设计人才的岗位工作时，一系列问题便随之出现：因为要求较高，所以很难找到具备相应能力素质的人才；勉强招聘到的人才，很难快速适应岗位工作的高要求，自然无法做出令组织或上级领导满意的工作业绩来；因为能力不足和业绩令人不满，其工作意愿也会随之出现问题；因为建立多样化的能力存在难度，而且组织要求建立的能力可能与人才们希望建立的能力并不一致，这会使得人才们自身的学习意愿不足；前述问题以及其他相关问题，会致使企业或上级领导"有理由"不珍惜人才，人才们也不会珍惜工作机会，因而人才的保留问题也就派生了出来。

其二，如何定义一位人才的工作回报？

这看起来是一件"不值一提"的事情，但在大多数情况下，它却是任何一位人才愿意为工作投入时间、精力和情感的先决条件。正如我们在本书第二章和第三章中反复提到的那样，任何一位员工选择从事任何一份工作，一定存在三项动机：追求相应的物质、精神和机会回报。企业要求任何一位员工从事任何一个岗位的工作，员工一定会评估自己能够得到什么（工作回报问题）。如果企业给予员工的工作回报不能令其满意，他们便不会把岗位工作做到企业或上级领导满意的程度。

需要特别指出，很多企业和管理者往往只是在用金钱（基本工资、岗位津贴和绩效奖金）诱使员工"干活"。其实，真正的人才一定会在关注物质回报的同时，也会关心履行岗位工作职责对自己的意义，以及能够给自己的未来职业发展带来怎样的机会。

其三，如何管理一位人才的工作绩效？

这看起来不过是一个"老生常谈"的问题，但却是许多企业使用不好人才的重要原因之一。因为，大多数企业实行绩效管理的唯一目的，就是为了评估员工的工作绩效，以便决定给员工发放多少绩效工资/奖金（甚至有的企业实行绩效管理的目的，就是为了扣发员工工资/奖金）。这样做可能导致的后果是，企业和员工之间会围绕绩效考核方式和结果数据而持续相互博弈。

我们认为，有效的绩效管理应该同时达成以下四个目的。

一是可以促使员工达成更好的业绩。在这个意义上讲，绩效管理标准应该是一套确保员工达成更好业绩的工作方案。

二是可以促使公司管理的不断优化。在这个意义上讲，绩效管理标准应当具有暴露公司管理问题并促进问题解决的功能。

三是可以帮助员工学习与成长。在这个意义上讲，绩效管理标准应当是一套可以促使员工持续成长的学习计划。

四是可以有效检测员工的工作成果。在这个意义上讲，绩效管理标准应当可以全面真实地反映员工的工作成果，包括工作结果数据、工作过程及文化行为表现。

换言之，将绩效考核结果与个人的工资收入挂钩，只应是绩效管理的目的之一。只有同时追求上述四个目的的绩效管理方案，才能促使员工充分理解岗位工作，有意愿做好岗位工作，以及在做好岗位工作的同时建立起支持其职业发展的能力；也只有这样，才能真正地激励到员工（我们将在《合伙人的管理与培养》一书中对此进行系统论述，并提供相关实用方法与工具）。

需要特别指出，在招聘、使用、培育和保留人才这四个方向上，如何使用人才是一个"牛鼻子"问题。因为，如果一家企业不知道或不善于使用人才，它便无法招聘到好的人才，无法有效地培育人才，也根本做不好人才保留工作。试想，当你用不好人，便意味着不会有真正优秀的人才愿意供你所用，你招聘人才的压力就会更大；用不好人，也意味着你无法在工作中有效培育人才，也意味着无法保留那些真正优秀的人才。换言之，如果你善于使用人才，你的招聘压力就会减轻，就有可能招聘到优秀的人才（从而实现优中选优，这也是优秀企业的普遍经验），就有可能在工作中有效培育人才。当你做到了这几点以后，保留人才也就不再是大的问题了。

人才培育

这是团队管理的第三项核心任务，是指如何确保人才不断学习与成长。

人们通常是这样理解人才培育的重要性的：只有员工胜任岗位工作的意愿和能力得以提高，员工才能更加胜任岗位工作；员工更加胜任岗位工作，其对团队和公司的贡献才会更大。如果仅仅是这样理解人才培育的意义，那实在是太过肤浅了；许多企业培养人才的效果之所以不佳，其原因也正在此。这种理解的问题在于，它仅仅是站在企业利益的立场上要求员工把岗位工作做得更好，而并没有包含为员工利益着想的动机。

管理者站在企业利益的立场上理解人才培育的重要性和必要性或许无可厚非，问题只在于，这种理解往往不利于产生管理者所期望的人才培育效果。有效的理解是：员工们只有愿意并善于学习，他们才会有能力把岗位工作做到更好；员工们只有把岗位工作做到更好，他们的职位才会更加安全，收益才会更有保障，也才会更有人格尊严；员工们为了做好岗位工作而学习的过程，也将是他们建立职业发展所需能力的过程；当员工们具备了足够的职业发展所需能力时，他们将会获得更大的职业收获；当员工们均愿意并善于学习时，企业的目的也就自然而然地得到了实现。

关于人才培育，还有一个问题就是：如何培育人才？

谈及人才培育或培养，大多数企业或管理者会在第一时间想到给员工们做课堂式培训。课堂式培训毫无疑问是培育人才的一种方式，但绝对不是唯一的方式，而且绝对不是最佳的方式。管理者培育人才的方式可以有许多种，比如：课堂式培训，工作经验分享，员工之间互帮互学，管理者在工作中耐心辅导下属，组织读书活动，鼓励员工自主学习，管理者在会议上或日常工作中不断强调某些概念或方法，群策群力分析解决某些工作中的问题，等等。

有效的人才培育有两个关键点。

其一是目的。企业或管理者在思考人才培育问题时，最好能够同时站在员工、企业、管理者和团队这四方利益的立场上对员工提出要求，进而安排学习方式，而且在任何情况下要求或激励员工学习与成长，都应包含有利于员工个人职业发展的目的。只有这样，才能真正地激发出员工学习的内在动机，最终达到员工、企业、管理者、团队四方共赢的目的。

其二是方式。基于上述目的，企业或管理者可以广开思路，采取一切低成本、高效率的方式促进员工学习与成长，而不是仅仅进行单一的课堂式培训。在此，我们要特别推荐一种名叫"创造性学习"的方式。所谓"创造性学习"，就是要让员工持续地挑战较高的工作目标。为了达成高工作目标，在客观上就要求企业、管理者、团队和员工个人穷尽一切方式占有他人已经创造的相关理论与经验成果，并在此过程中创造属于自己的知识与经验。实践已经反复证明，这是一种迄今为止学习效果无与伦比的学习方式。我们将在本书的最后一章中介绍这一学习方式,并将在"合伙人三部曲"的最后一本书(《合伙人的管理与培养》)中具体介绍如何有组织地采取这种学习方式。

人才保留

这是团队管理的最后一项核心任务,是指如何保留住优秀的团队成员。这项任务十分艰巨。因为对许多企业而言,员工频繁跳槽已经是见怪不怪、习以为常的事情了。但是,要管理好团队,这项任务无论如何不容忽略。

大致说来,大多数企业或管理者都明白,如果等到员工递交了辞职报告以后再采取挽留措施,就势必会出现两种后果:要么为时已晚,要么会损害组织的威信并助长员工与组织博弈的风气。所以大家都知道,人才保留工作应该提前预防性地进行。然而,怎样才能做到?这才是关键。

对此我们认为,有三个问题值得每一家员工跳槽频繁的企业认真思考。

一是保留谁?通常,人们会想当然地认为:毫无疑问应该保留那些优秀的员工。然而,当我们这样看待问题时,必然意味着我们一开始便对那些暂时不优秀的员工抱持的是让其"自生自灭"的态度。这一态度会向那些暂时并不优秀的员工传递出这样的信息:他们选择主动离开是最为明智的；这一态度还意味着，我们并没有打算努力让那些暂时不优秀的员工变得优秀起来。有效的思考方式是：应尽可能保留住所有进入团队的人才（前提是企业的人才招聘工作精准有效）。

二是如何保留？针对这一问题，我们的观点是，只有在前述人才招聘、使用和培育这三个方面做足了功课，才有可能真正有效地保留住人才。

三是有效保留的前提是什么？这是一个行文至此不得不提出的问题：企业只有对人才具有强大的吸引力和凝聚力，并适度采取"捆绑"人才的策略，才有可能招聘到优秀的人才，才有可能最大化地使用人才，才有可能高效地培育人才，最终才有可能最大化地保留住优秀人才。那么，企业怎样才能对人才具有强大的吸引力和凝聚力，以及如何才能适度地"捆绑"优秀人才呢？对此，我们诚恳建议读者朋友们先行思考这一问题，之后再阅读我们在《合伙人的管理与培养》一书中专门就此给出的观点和建议。

四种策略

任何一家企业或任何一个团队，在其招聘、使用、培育和保留人才的过程中，无论其使用的管理方法多么五花八门或者别具特色，所有的方法均可以大致归纳为四种策略类型。

- 予之以利
- 示之以威
- 动之以情
- 晓之以理

不同企业或团队的管理效果之所以存在差别，在极大程度上就是因为它们使用这四套策略的力度有所不同。对这四套策略加以说明，有助于我们理解团队管理的要义所在。

予之以利

是指在招聘、使用、培育和保留人才的过程中，必须说明组织能够给人才们带来什么利益。正如我们已经在前面章节中论述过的那样，人才们无不希望工作能带给自己三样东西：物质、精神和机会回报。予之以利，就是指要一定程度地满足人才们对这三样东西的需求。可以这么认为：组织如果不能给予人才们以相应的"利"，其所采取的任何管理举措都将是苍白无效的。

那些优秀的企业之所以能够招聘到和保留住大量的优秀人才，在极大程度上就是因为它们给予人才的利益在总体上是高于一般企业的；而那些无法有效招聘、使用、培育和保留优秀人才的企业，在极大程度上是因为它们给予人才的利益相对较小。

不难想象，当一家企业不能给人才们带来最低限度的利益时，这家企业要想通过其他策略（示之以威、动之以情、晓之以理）来实现理想的招聘、使用、培育和保留人才的效果，几乎是没有可能的。这正如，你不给人吃饭，却试图挥舞着鞭子给人谈情感、讲道理，充其量只可能收到一时之效。反过来说，如果一家企业愿意并有能力给予人才们以大利，即便它的其他人才管理方法或手段拙劣一些，也大致能够收到不错的招聘、使用、培育和保留人才的效果。由此可见，予之以利在四种策略中固当居于首位。

示之以威

这通常是与"予之以利"同时使用的策略。予之以利是要给予人才们以他们希望获得的利益，示之以威则是要告诉人才们：只有满足公司对他们的各种要求，包括践行公司文化、遵守公司规章制度以及满足公司业绩要求等，才可能获得自己希望得到的利益。

所有的企业或管理者都明白一个基本道理：只有一定程度地满足人才们对工作回报的要求（物质、精神和机会回报），企业或管理者才可能对人才们的思维及行为产生影响力；向人才们承诺或给予的利益越大，企业或管理者对人才们的影响力也就越大。与此同时，所有的企业或管理者也都十分"精明"地知道：只有让人才们满足组织的各种管理要求，他们才可能得到自己想要的利益；人才们满足组织要求的程度越高，其得到的利益就会越多。

在招聘、使用、培育和保留人才的过程中，企业或管理者在向人才们承诺利益的同时，向其示之以威是十分必要和重要的。试想，如果一家企业总是能够十分慷慨地给予人才们以足够大的利益，却不对其提出任何要求，也不跟他们谈情感、讲道理，会出现什么结果呢？其结果一定是，人才们不能为企业创造价值，长此以往企业必将入不敷出、难以为继。从这个意义上讲，企业或管理者在承诺给予人才们以一定利益的同时，向其提出一定的要求是十分合情合理的。

站在这个角度上来观察，我们将看到，那些能够吸引到大量优秀人才的企业，之所以对人才们有足够的向心力，并且能够确保企业不断积累与发展，就是因为它们既善于用较大的利益满足人才们的需求，同时又善于以严格的管理标准来确保人才们为企业创造价值。反观那些在人才招、用、育、留四个方向上存在诸多问题的企业，它们之所以不能有效地招、用、育、留人才，在极大程度上是因为它们不善于设计和并用"予之以利，示之以威"的策略。

动之以情

这一策略是指,企业或管理者试图从情感上影响人才们的感受及其对企业的评价。任何企业或管理者在招聘、使用、培育和保留人才的过程中,都在不同程度地使用这一策略。

其内容包括:尽可能地顾及人才们的人格尊严,尽可能地尊重人才们的个人意愿,尽可能地关照人才们的个人和家庭生活,尽可能地关心人才们的个人学习与成长,尽可能地为人才们营造"大家庭"式的工作氛围,尽可能地听取人才们对于公司的意见和建议,尽可能和颜悦色地与人才们进行沟通,尽可能地做到公平公正地分配利益和处理问题,尽可能地保持工作环境舒适、整洁、健康,尽可能地为人才们组织喜闻乐见的集会或聚餐活动,等等。

在招聘、使用、培育和保留人才的过程中,企业或管理者之所以要运用"动之以情"的策略,大致有两点原因:一是其他企业也都在用相似的方式对待人才,二是人才们的确有此方面的情感需求。

然而,我们不得不说,要想让这一策略收到良好的管理效果,企业必须首先确保能够满足人才们对直接利益(物质、精神和机会回报)的追求;无视人才们的直接利益诉求,而一味试图通过表象的情感手段来影响人才们的感受及评价,并不能收到持续良好的效果。严格说来，只谈情感不讲利益，通常只是某些企业或管理者试图用所谓的"情感"来精心包装内心的自私。

晓之以理

企业或管理者在运用上述三种策略的过程中，通常会面临一个问题，即人才们也许并不能很好地理解：企业给予他们的利益是否公平？企业对他们的要求是否合理？企业为什么要对他们动之以情以及怎样做到？在这种情况下，企业或管理者就很有必要向人才们讲明白这其中的道理。当企业或管理者试图这么做并力求人才们理解和认同时，就是在使用"晓之以理"的策略。

在实践中，这一策略呈现出了多姿多彩的形式与极其丰富的内容。包括：尽可能地让人才们明白企业给予他们的利益是公平合理的，尽可能地让人才们理解企业在关怀员工方面的良苦用心，尽可能地让人才们理解企业的兴衰与其个人利益的关系，尽可能地让人才们理解文化要求和规章制度的重要性及必要性，尽可能地让员工们理解掌握某些工作知识与技能对组织和他们自身所具有的深远意义，尽可能地让人才们理解建立积极正面思维与心态对公司和自身都是很有好处的，尽可能地让人才们理解在工作上尽心、尽力、尽责对公司和自身意味着什么，等等。

在招聘、使用、培育和保留人才的过程中运用"晓之以理"的策略,其必要性和重要性在于:人才们认知事物的能力是有限的,企业只有不厌其烦地采取各种方式向人才们讲清某些道理、阐明某些观点,才能促进理解、促使认同、建立信任、达成一致。

然而,我们不得不说,"讲道理"的前提是要"有道理",在没有道理的情况下讲道理,是讲不通道理的。所以我们看到,有大量的企业老板和高管们整天在给员工们讲道理,但就是不能获得员工们的理解、认同和信任,这是因为,他们所讲的道理,有时候连他们自己都不太相信。而另有许多企业老板和高管们,他们往往并不会刻意地给员工们讲道理,却也能赢得员工们的理解、认同和信任,这是因为,他们所能给予员工们的利益以及所采取的管理举措,其本身就充满了道理。

2. 团队管理能力的评价指标

有一个问题需要引起高度关注:在一家企业,究竟谁应该对人才的招聘、使用、培育和保留工作承担主体责任？在我们讨论如何评价一位管理者的团队管理能力之前，很有必要先来搞清楚这一问题。

现实中的每一家企业，其人才招聘、使用、培育和保留工作都是由三个方面的人员来共同承担责任的：公司领导、人力资源管理部门、直线管理者。理论上讲，公司领导是人才管理基本政策的决定者，人力资源部门按照公司既定的人力资源政策具体负责人才的招聘、培养和保留工作，直线管理者负责人才的具体使用。然而，在人才管理的实践中，三者的分工并不都是十分清晰的。许多公司在面临层出不穷的"剪不断理还乱"的人才管理问题时，经常会出现"扯皮拉筋"的现象：每一方都会"本能"地认为是另外两方没有尽到责任（所谓的"共同承担责任"，往往演变成没有人真正承担责任）。

我们对此的观点和建议是：公司领导应该对人才管理政策的有效性承担主体责任，直线管理者应该对部门或团队人才的招聘、使用、培育和保留承担主体责任，人力资源管理部门只应从专业角度来支持公司领导和各级直线管理者做好相应的人才管理工作。

上述观点和建议的理由是，直线管理者是人才的直接使用者，如果他们不能承担人才招、用、育、留的主体责任，就将无助于问题的解决，至少不能从根本上解决问题或解决问题的效果不会达到最优，且不利于建立起他们自身的人才管理能力；只有直线管理者来承担部门或团队人才招、用、育、留的主体责任，才可能真正地解决一家公司的人才管理问题，也才可能培养起各级直线管理者在团队管理方面的能力素质。

上述观点和建议会面临两个问题：一是直线管理者有可能没有足够的权力来承担人才管理的主体责任，二是直线管理者有可能没有足够的能力来承担人才管理的主体责任。对此，我们进一步的观点和建议是：直线管理者在承担部门或团队人才管理主体责任的过程中，涉及权力不足的问题时可以与上级领导进行协商，涉及能力不足的问题时可以求助于人力资源管理部门。

基于上述观点以及本章第一部分的论述，我们认为，一位管理者在对其自身的团队管理能力进行自我分析时，可以采用表5-1所示的三项评价指标：主体责任意识、规划能力、方法与技能。基于这三项评价指标，任何一位管理者都可以对其自身的团队管理能力进行有效评价。

表5-1　　　　团队管理能力的三项评价指标

团队管理能力	①主体责任意识
	②规划能力
	③方法与技能

主体责任意识

主体责任意识是指一位管理者愿意承担团队成员招、用、育、留责任的程度。

设置这项指标的意义在于,如果一位直线管理者认为不应该由自己来承担团队成员招、用、育、留的主体责任,那么他在管理团队过程中碰到问题时,便势必会将相关责任推诿给上级领导或人力资源管理部门,这样做既无助于问题的解决,也无助于他自己建立起相关能力。反过来说,只有一位直线管理者意识到自己应该承担团队成员招、用、育、留的主体责任,并在碰到问题时主动积极地与上级领导协商和求助于人力资源管理部门,才最有可能解决其所面临的现实问题,其个人的相关能力也才最有可能快速建立起来。

规划能力

规划能力是指一位管理者对团队成员招、用、育、留相关工作进行提前计划和安排的能力。一位管理者具备了团队人才管理的主体责任意识,并不意味着他一定具备有效规划团队人才管理工作的能力。

设置此项指标的意义在于,任何团队成员的招、用、育、留工作,都需要基于对问题的分析与预测而提前进行计划和安排，只有这样才不至于在问题发生时出现被动应对的状态（被动应对通常不会产生好的效果）。比如，销售部门的管理者应根据年度销售目标与计划、现有的人员状况、过去的人员离职情况或相关经验，来对部门年度需要招聘的人才进行提前计划，否则在需要招人时再临时做招聘，一定会面临许多问题。相似的道理，他还应在每年年初就对本年度将如何有效地使用人才、培育人才和保留人才做出必要的规划与计划，这样一来，才可能确保高效率、高质量和低成本地达成本部门的年度业绩目标。

方法与技能

　　方法与技能是指一位管理者对高效执行团队人才管理计划所需要的方法与技能的掌握程度。那些能够做出看起来"有模有样"的团队人才管理规划的管理者，却未必懂得如何在团队人才招、用、育、留四个方向上有效地执行既定的工作计划。

　　管理者应具备的团队人才管理的方法与技能涉及大量的内容。比如，在人才招聘方向，会涉及如何分析招聘需求、撰写和发布招聘信息、筛选应聘者简历、进行面试、评估候选人的能力素质等。又比如，在人才使用方向，会涉及如何进行团队工作分工、定义各岗位工作职责与权力、基于公司的薪酬政策决定岗位的薪酬标准、设计各岗位的绩效考核标准、对各岗位工作者实施绩效考核等。相似的道理，在人才培育和保留方向，管理者也需要掌握相应的工作方法与技能。

然而，说到这里，一个问题立即摆到了面前：管理者建立上述四个方向的能力，会不会影响到他们的正常业务活动呢？这也是许多直线管理者不愿意建立相关能力或不愿意承担团队人才管理主体责任的惯常理由。我们对此问题有以下四点回答。

首先，如果他们不建立上述相应能力，其团队的业务工作目标便无法实现。

其次，在现在和未来，不具备人才管理能力的管理者一定是不合格的管理者。因为，人的问题越来越突出，仅指望上级领导或人力资源管理部门，是不足以解决团队管理过程中所面临的必然越来越复杂的人的问题的。

再次，建立人才管理能力其实并没有想象中那么难。只要愿意承担主体责任，假以时日，就必然能够逐渐建立起相关能力。

最后，直线管理者其实并不需要在团队人才管理方面具备所有的细枝末节的能力，因为他们可以求助于人力资源管理部门来弥补自身能力和精力不足的问题。只是，他们还是必须一定程度地懂得所涉及的相关知识和技能，否则他便无法评估、管理与控制。

3. 团队管理能力的"红黄绿灯"

运用红黄绿灯的概念,有助于人才们在第一时间对自身的团队管理能力状态进行"对号入座"。好消息是,这一做法有助于每一个人清楚地看到自身团队管理能力存在的问题及可以努力改善的方向;坏消息是,这一做法可能使得那些发现自己在团队管理能力上存在明显缺陷的人士感到沮丧甚至心生痛苦(但我们相信,在正常情况下,这种感受恰恰是一个人可以在这个方向上获得突破性进步的起点)。图5-2提供了人才们对自身的团队管理能力进行红黄绿灯识别的工具图。

	主体责任意识	规划能力	方法与技能
红灯			
黄灯			
绿灯			

图5-2　团队管理能力的红黄绿灯

▶ 红灯状态的团队管理能力

当一位管理者的团队管理能力处于红灯状态时，意味着他的这项能力在总体上处于比较低级的水平。一般而言，这类管理者在团队管理能力的三项评价指标上有以下具体表现。

主体责任意识

他们不认为或不知道应由自己来承担团队人才招、用、育、留的主体责任。因而，当团队出现或存在人才招聘、使用、培育、保留方面的问题时，他们会习惯性或想当然地把导致问题的原因归结为公司人力资源部门的工作不力或公司人力资源政策存在问题。当公司领导或人力资源部门要求他们在团队人才的招聘、使用、培育和保留方面尽到某种程度的责任时，他们会心不甘情不愿地予以应付性"配合"，但是他们的内心深处则认为，这些工作不是他们"分内"的事情，过多地"配合"人力资源部门的工作，会影响其团队的业绩目标达成。

规划能力

他们严重缺乏人力资源工作规划的基本能力，并且由于不认为团队人才管理的主体责任应由自己承担，因而也没有意识或意愿去建立相关能力。即便公司安排他们参加"非人力资源经理的人力资源管理"之类的课程学习，他们也总是能不参加就不参加，即便参加也只是在应付式地学习。

方法与技能

他们虽然并不想承担团队人才招聘、使用、培育和保留的责任，但在过往的管理实践中，他们也具备了一定的人才管理经验。但是总体上讲，他们所掌握的人才管理方法与技能是极为有限的、肤浅的、一鳞半爪的，不足以支持他们独立自主地开展团队人才招、用、育、留工作。

当一位管理者的团队管理能力处于上述红灯状态，或者该管理者身上存在以上所描述的明显特征时，他所带领的团队是否能够取得好的业绩，在极大程度上取决于其所在公司生存状态、发展态势和人力资源政策的有效性，以及公司人力资源部门的专业管理效能。当前述各个方面的情况较好时，即便他的团队管理能力处于上述极差水平，也将不会对部门业绩造成极差影响（但其业绩将很难达到中等水平）；反之，其团队业绩一定特别糟糕。

黄灯状态的团队管理能力

当一位管理者的团队管理能力处于黄灯状态时,意味着他的这项能力总体上处于中等水平。一般而言,这类管理者在团队管理能力的三项评价指标上有以下具体表现。

主体责任意识

他们大致也知道自己应该部分承担团队人才招、用、育、留的责任,但对于应当承担哪些具体责任、承担到什么程度,他们是模糊不清的,或者在某些工作方向上是比较清晰的,而在另外一些工作方向上是不清晰的。同时,他们在比较擅长的方向上往往有承担责任的意愿(甚至会主动承担责任),但在自己不太懂的方向上,其承担责任的意愿则较弱。

规划能力

他们会在上级领导或人力资源部门有要求的情况下,进行团队人才招聘、使用、培育和保留方面的工作规划;而在上级领导或人力资源部门没有要求的情况下,他们一般不会主动进行全面细致的团队人才招、用、育、留工作规划。即便上级领导或人力资源部门对其提出了相关要求，他们做出的人才管理工作规划也是质量较差的——要么粗枝大叶，要么不切实际，要么顾此失彼，要么主次不分。

方法与技能

他们通常一定程度地掌握了人才招聘、使用、培育和保留方面的方法与技能，因为过往的工作过程中他们积累了相应的工作经验，也有可能曾经接受过人力资源管理方面的专门训练。但是，总体上讲，他们所掌握的人才管理方法与技能是有限的、经验性的、通用性的，不足以确保他们自主高效地开展团队人才招、用、育、留工作。

当一位管理者的团队管理能力处于上述黄灯状态，或者该管理者身上存在以上所描述的明显特征时，他所带领的团队是否能够取得好的业绩，也在极大程度上取决于其所在公司生存状态、发展态势和人力资源政策的有效性，以及公司人力资源部门的专业管理效能。当前述各个方面的情况较好时，即便他仅仅只具备中等的团队管理能力，其团队也有可能取得不错的业绩（但其业绩不可能达到最佳状态）；反之，其团队业绩一定也是较差的。

绿灯状态的团队管理能力

当一位管理者的团队管理能力处于绿灯状态时,意味着他的这项能力总体上处于高级水平。一般而言,这类管理者在团队管理能力的三项评价指标上有以下具体表现。

主体责任意识

他们知道自己应在公司人力资源政策范围内和公司人力资源部门的帮助下,承担起团队人才招、用、育、留的主体责任;他们也知道只有自己在团队人才管理的各个方向上多操心,才能做好团队管理工作;他们还知道,只有尽最大可能地做好团队人才管理工作,才能完成公司下达给自己的团队业绩目标。因而,他们会积极主动地思考团队人才管理的所有问题,也会创造性地执行公司或人力资源部门对他们提出的工作要求。

规划能力

由于他们过往愿意主动承担团队人才招聘、使用、培育和保留工作,长此以往,他们便能够有效地分析和预见到团队人才管理过程中可能存在的问题,并能基于分析和预测而提前做出相关工作计划安排。他们所做的团队人才招、用、育、留工作计划,可能看起来并没有人力资源部门所做的计划那么全面而又专业，但却是有的放矢、重点突出、行之有效的。

方法与技能

他们在团队人才招聘、使用、培育和保留方面通常有自己的独特方法。比如，他们有可能动用自己的私人关系来解决招聘中候选人的来源问题；又比如，他们有可能通过关系导向来解决人才的使用和保留问题；还比如，他们有可能利用各种非正式的手段来促进团队成员的学习与成长。总之，他们会在团队人才管理方面不拘一格地使用一切他们认为有效的方法，因为他们更看重的是效果（而不是形式）。他们之所以如此"能干"，不仅是因为他们有机会和能力学习人力资源管理方面的知识，在极大程度上还因为他们具备长期的团队管理工作经验，并愿意在人才管理方向上深入思考问题。

当一位管理者的团队管理能力处于上述绿灯状态，或者该管理者身上存在以上所描述的明显特征时，只要其所在公司的生存状态、发展态势、人力资源政策以及公司人力资源部门的专业管理效能不低于中等水平，其团队便一定能够取得优异的业绩；即便其所在公司上述各方面的情况比较糟糕，其所带领的团队也有可能取得不低于中等水平的业绩。

4. 合伙人应有的团队管理能力

尽管管理者自身的团队管理能力对团队业绩只会构成一定程度的影响，并且这种影响会因企业的不同而大相径庭，但由于人才管理的难度是与日俱增的，我们认为，在此方面依然要对合伙人提出"高标准、严要求"：团队管理能力尚处于红灯状态的合伙人，与其作为公司合伙人的身份是完全不相符的；团队管理能力处于黄灯状态的合伙人，与其作为公司合伙人的身份是不完全相符的；只有团队管理能力处于绿灯状态的合伙人，与其作为公司合伙人的身份才是完全相符的。

绿灯状态团队管理能力的三重价值

之所以要对合伙人的团队管理能力提出"高标准、严要求"，是因为这一做法具有以下三重价值。

对公司的价值

一个不争的事实是，人才在企业经营与管理发展过程中越来越居于中心地位。因为，当一家公司的资源条件和业务战略基本有效之后，人才将决定企业的成败，甚至在极大程度上企业的资源和战略也是由人才来决定的；而企业管理人才的能力，在极大程度上又是各级管理者（合伙人）团队管理能力的加总。

当一家公司的每一位合伙人或大多数合伙人的团队管理能力处于绿灯状态时，意味着该公司的人才招聘、使用、培育和保留效能一定达到了较高水平，或者说可以促使公司人才管理的整体水平提升至最优。当这种情况发生时，意味着该公司的经营管理效率及发展趋势将处于良性循环状态，公司将更有能力和条件把人才管理工作做到更好……

对合伙人的价值

合伙人建立、提升和保持绿灯状态的团队管理能力，对自身的价值将主要体现在以下三个层面上。

其一，当每一位或大多数合伙人都拥有绿灯状态的团队管理能力时，意味着公司整体的人力资源管理效能较高，公司的经营业绩和发展势头会更好，每一位合伙人所持有的公司股份也会因之而顺理成章地得到相应幅度的增值。

其二，当一位合伙人的团队管理能力更强时，意味着其团队业绩必然会更好。按照我们所倡导的"同股不同利"原则，业绩贡献更大的合伙人不仅现实得利会更多，而且未来还更有可能增持公司的股份。

其三，团队管理能力更强的合伙人由于业绩更佳，被公司信任和倚重的程度将会更高。因而，在公司的发展过程中，他将有更多的升职机会，而升职必然会进一步导致其薪酬福利、持股数量和股份收益的增加，以及工作成就感和自信度的提升。

对社会的价值

当一家公司的每一位合伙人或大多数合伙人的团队管理能力处于绿灯状态时，便意味着该公司的人力资源管理效能较高，这将会从以下三个方面创造其社会价值。

其一，良好的经营发展态势可以使公司吸纳更多的人才前往就业，并有条件和能力承担更多的其他社会责任。

其二，员工从工作中获得的回报更多，因而更具满足感和幸福感，进而会让其家人的生活更为幸福。

其三，可以为社会培养更多的优秀人才。因为在人才管理良好的企业工作，员工的能力素质会得到相应提升；而他们的能力素质得到提升以后，将会以各种方式回馈社会。

绿灯状态团队管理能力的实践要点

一位合伙人怎样才能建立、提升和保持绿灯状态的团队管理能力呢？我们认为，合伙人可以逐一针对团队管理能力所涉及的三个层面展开思考并采取行动。

针对主体责任意识

合伙人承担团队人才管理主体责任的必要性，不仅仅在于其对公司的发展有好处。即便抛开其对公司发展的意义，合伙人也应主动承担起团队管理的主体责任，因为只有把团队管理好了，才有条件去实现自己向公司承诺的团队业绩目标，进而才有可能保有自己在公司的地位以及获得更大的个人利益。

合伙人之所以应该承担团队人才管理的主体责任，还有另一个理由：广泛的实践经验显示，直线管理者一味指望公司或公司的人力资源部门来为其解决人才招聘、使用、培育和保留问题，十有八九会以失望而告终。因为，在大多数情况下，公司领导不可能深入到每一个部门和层级去解决具体的人才管理问题，而公司人力资源部门受其精力和能力限制，也不可能有求必应地帮助所有直线部门或团队解决其所面临的人才管理问题。换言之，直线管理者明智的做法只能是"自救"。既然只能自救，何不主动、积极、愉快地承担起责任呢？

针对规划能力

对于这一点，无须过多论述。只要一位处于管理/领导岗位的合伙人，愿意积极主动地承担起所属团队人才招聘、使用、培育和保留的主体责任，他就能够很快建立起对于人才管理工作的规划能力。这是因为，这一层面的技能已经是人力资源管理的一般知识，只要其愿意，就能够快速习得。

在此，我们仅提醒三点。其一，在进行团队人才管理规划时，一定要涉及招聘、使用、培育和保留这四个方向的内容，不可以漏项。其二，要善于用足公司的人力资源管理基本政策和公司赋予自己的权力，切不可因为公司相关政策或授权不明朗而畏首畏尾，不肯作为。当公司的相关政策可能存在不足，或者自身的权力受到某种限制，因而不足以解决问题时，要及时地、平心静气地、耐心地甚至于反复地与上级领导进行沟通。只有做到这样，才能快速提升自己的相关能力。其三，在进行团队人才管理规划时，要善于向公司人力资源部门的人员求助。

针对方法与技能

同上一层次的能力一样，这一能力也是可以快速习得的，但前提是合伙人要具备团队人才管理的主体责任意识。只要有了主体责任意识，就可以通过大量的人力资源管理专业书籍、文章和课程来获得相关知识，而且还可以通过求助公司人力资源部门的人员来建立相关能力，甚至还可以通过向公司其他优秀管理者"取经"来提升相关方法与技能。

建立这一层面的能力，合伙人需要注意一个关键点：敢于探索、不怕犯错。只要具备了这种精神，就不仅可以快速掌握人才招聘、使用、培育和保留的方法与技能，而且还会很快建立起自己独有的人才管理经验与见解。

5. 自我评估与改善计划

现在请你对照前述内容，对自己的团队管理能力状态进行一下自我评估。

如果你觉得自己的团队管理能力具有十分良好的特征，那么你可以将其定义为绿灯状态。如果是这样，我们要祝贺你，因为你的团队管理能力与你的合伙人身份是完全相符的。

如果你觉得自己的团队管理能力具有十分明显的红灯特征，那么你就应该将其定义为红灯状态。如果是这样的话，你需要高度警惕，因为这不是作为公司合伙人应有的团队管理能力状态，你必须立即设法加以改变。

如果你无法确定自己的团队管理能力属于绿灯状态还是红灯状态（即定义为两者中的任一状态都觉得勉强），那么你的团队管理能力十有八九便属于中间状态（黄灯）。如果是这样，意味着你需要对自己的团队管理能力进行必要的提升，因为只有这样去做，才符合你作为公司合伙人的身份。

无论你的团队管理能力是红灯状态还是黄灯状态，抑或已经达到了绿灯状态，作为合伙人，你都需要不断改善、提升和强化你的团队管理能力。那么可以怎么做呢？请把你的提升要点或行动计划写在表5-2所示的对应栏目中。在填写时，你可以参考本章已经给出的相关观点和方法，也可以根据你自己的理解来自创观点和方法。

表5-2　　　团队管理能力自我评估和改善计划

状态分类	本人当前的状态（勾选）	改善要点/行动计划
红灯		
黄灯		
绿灯		

特别提示

如上所述,合伙人提升团队管理能力的前提是建立团队人才管理的主体责任意识。而要做到这一点,有一个非常关键的提醒就是,要抛弃"等、靠、要、怨"的四字心态。

"等",就是被动等待上级领导授权,之后再着手考虑解决自身面临的团队人才管理问题;"靠",就是指望公司人力资源部门来代替自己解决团队人才管理问题;"要",就是向公司要相关政策,否则便认为无法解决团队人才管理问题;"怨",就是当前述三点不能达到自己的期望时,就一味抱怨、归因于外。

可以肯定,凡持有上述四字心态的合伙人,其必定缺乏团队管理的主体责任意识,因而很难建立起有效的与时俱进的团队管理能力。切记:孤立无援,只能向自己求助,反倒更有可能激发出自身潜能,促使自己快速成长。

第六章

修养4：
沟通协作能力

- 理解沟通协作能力
- 沟通协作能力的评价指标
- 沟通协作能力的"红黄绿灯"
- 合伙人应有的沟通协作能力
- 自我评估与改善计划

对于任何一家现代企业中的任何一位岗位工作者来说，沟通协作能力都是其胜任岗位工作必备的基本能力，没有这种能力或这种能力不足时，他便不能有效满足组织的要求。

沟通协作能力之所以重要，是因为组织的分工越来越精细化，员工只有具备相应的协作意愿与能力，才能确保组织运营的高效率、高质量和低成本。合伙人更应该具备较强的沟通协作能力。因为，大多数公司的合伙人都处于重要的工作岗位，越是重要的岗位，其所涉及的需要沟通协作的事务越是多而复杂。

沟通协作能力的重要性看起来人人都清楚，但清楚到什么程度则不是一个小问题。之所以这么说，是因为大多数人所理解的沟通协作的重要性，主要限于其对组织的价值，却并不完全明白善于沟通协作对于自身的具体价值与意义。企业的领导或管理者们虽然一直在强调沟通协作的重要性，但他们通常也只是在说明沟通协作对组织的好处，却往往并不清楚或者忽略了员工善于沟通协作对其个人职业发展的作用与意义。

本章将站在一个全新的角度来理解工作中的沟通协作，着重论述建立和提升沟通协作意识及能力对每一位合伙人所具有的价值与意义，并在此基础上给出合伙人提升自身沟通协作能力的方法与工具。

1. 理解沟通协作能力

沟通协作的必要性与组织的发展有着直接的关系。一般说来，组织的规模越大、结构越复杂、分工越精细，越是需要各岗位工作者善于沟通协作。沟通协作状况良好的企业组织，其运营成本一定较低，而其运营质量和效率则一定较高；反之，沟通协作不畅的企业组织，其运营成本一定较高，而其运营质量和效率一定较低。从以下举例中，可以快速清晰地理解沟通协作的重要性和必要性。

有一家小型家具工厂，创业之初只有15名木工。该工厂的业务是制作中小学学生课桌。

最初，这家小工厂采取的工作模式十分原始：每一位木工均独立从仓库搬运木材，并完成从放料、刨光、开凿到组装、打磨、修补、油漆、安装配件等所有工序。在这种工作模式下，工厂对这15名木工采取的是计件工资制，即谁做的课桌多且质量合格，谁拿的工钱就多。在这种工作模式和工资制度下，管理工作相对简单——老板只需要敦促和监督15名木工做好三件事就行：一是注意节约木材，二是注意产品质量，三是注意制作速度。

在上述工厂规模、工作模式、分配制度和管理模式下，毫无疑问也会存在一定的沟通协作事项。比如搬运时可能需要大家一起来帮忙，又比如需要有人批量采购木工们制作课桌所需的原料和器具，再比如客户订单比较紧迫时需要木工们相互协作以便及时交货，等等。然而，诸如此类的沟通协作是"自然"发生的事情，每一位相关者都理解且能相互配合，并不需要作为一项员工的必备能力专门提出来和加以强调。

然而，随着该工厂的发展，沟通协作的重要性便开始与日俱增了。

前述工作模式、分配制度和管理模式存在一些明显缺点：生产效率较低，运营成本较高，不同木工制作出的课桌质量会有差异。在这种情况下，加上木工厂的订单量不断增加，于是老板决定采取流水线式分工协作的工作模式：放料、刨光、开凿、组装、打磨、修补、油漆、安装配件以及计划、质检等工作分别安排不同的人员来完成，并且增加了专门的岗位人员负责采购、销售、后勤及行政等工作。

木工厂分工模式的改变，导致其分配制度及管理模式也随之出现相应变化。这时候，沟通协作的重要性和必要性也就日益凸显出来了。比如，在新的分工模式下，要求每一道工序都必须在规定的时间里完成规定质量和数量的工作，否则就会影响到下一道工序的效率和质量，最终会影响到工厂的整体运营效率、质量和成本，而要确保每一道工序在规定时间内保质保量地完成既定任务，就必然涉及到沟通协作了。

又比如，当客户提出了特殊的订单需求时，工厂从采购、生产到发货都需要协调行动才能及时予以满足，否则会导致客户流失或成本损失，而要做到这一点，沟通协作便十分重要。

再比如，由于工作人员增多且分工专门化，很可能每一道工序或每一个岗位所要运用的知识与方法，其他岗位的人员并不知道和理解，因此相关人员在协作完成整体工作时，必须相互之间进行必要的交流，才可能达成理解和共识。

随着时间的推移，该工厂发展成为一家中型规模的家具制造公司，其业务种类、产品种类、销售规模和人员规模不断增加，与之相适应的专业部门、管理层级和专业岗位也越来越多。可以想见，每一部门、层级、岗位所面临的沟通协作任务与压力也随之增加……

以上举例,大致说明了沟通协作在现代企业组织运营管理中的地位,以及员工为什么应该具备相应的沟通协作能力。

然而,沟通协作涉及的一般知识有哪些?员工积极参与沟通协作究竟对自己意味着什么呢?我们有必要对此进一步加以论述。

沟通协作的范围与问题

组织中的沟通协作,包括两个方向:一是横向沟通协作,也就是跨岗位或跨部门的沟通协作;二是纵向沟通协作,也就是协助自己的上级或下属工作。对此建立必要的认知,将有助于我们进一步理解沟通协作能力的内涵。

横向沟通协作

所谓横向沟通协作,是指每一家企业中的每一位岗位工作者,在其工作过程中,既需要与同部门里的其他岗位工作者进行沟通并协同完成某些工作,又需要与其他部门的相关人员进行沟通并协同完成某些工作。

横向沟通协作无非涉及两个问题:一是如何协助他人做好工作,二是如何让他人协助自己做好工作。无论是他人请求协作,还是自己请求他人协作,都涉及一个相互沟通的问题，因而我们通常把沟通和协作放在一起进行分析和说明。

之所以会存在横向沟通协作的问题，是因为企业中任何一个具体岗位都是公司整体工作链条中的一个环节或节点，只有每一位岗位工作者在工作时照顾到其他相邻岗位的工作，并恰到好处地完成本岗位工作，以及在必要时协助相邻岗位恰到好处地完成工作，组织的整体运营效率和质量才会高，成本才会低。

然而，这立即会涉及到以下四个方面的问题。

其一，每一位岗位工作者都有自己的专业工作任务，并且通常工作任务总是很饱满的，甚至有时候需要加班加点才能完成。这便意味着，要满足其他相邻岗位的工作协作要求，就很可能会影响到本岗位工作任务的完成或业绩目标达成。

其二，每一位岗位工作者都有自己的工作喜好或习惯，并且无不希望能够按照自己的喜好或习惯来完成工作。这便意味着，要满足相邻岗位的工作协作要求，就有可能无法按照自己的喜好或习惯来开展工作。

其三，每一个工作岗位都有自己的专业特性，并且每一位岗位工作者可能并不具备相邻岗位的相关工作知识。这便意味着，要满足相邻岗位的工作协作要求，就会给自己增加额外的学习和认知负担。

其四，尽管每一位岗位工作者都会面临前述三个方面的问题，但自身要想把本岗位工作做好，同样需要相邻岗位的工作者有效协助自己。

正是因为存在以上四个方面的问题，横向沟通协作才显得特别重要和必要。

纵向沟通协作

每一家企业中的任何一位岗位工作者，都会不同程度地涉及到纵向沟通协作问题。即便是公司组织金字塔顶尖上的那位最高权力者，其并不涉及对上协作，也一定会涉及如何协助下属有效工作的问题；相似的道理，处于一线岗位的员工，虽然并不涉及对下协作，但却一定会面临如何协助自己的上级有效工作的问题。

纵向沟通协作中的对上沟通协作涉及两个问题：一是如何响应上级的协作要求，二是如何主动协助上级工作。纵向沟通协作中的对下沟通协作也涉及两个问题：一是如何响应下级的协作要求，二是如何主动协助下属工作。

在对上沟通协作中，常见的问题是：能够一定程度上尽力而为地响应上级的协作要求，但大多数人并不善于积极主动地与上级沟通并协助上级工作。这一方面是因为，上级领导拥有某种权力威严，他们对下属有工作要求时，下属在一般情况下不可能无视上级的工作要求（尽管这并不意味着会竭尽全力地满足上级的工作要求）。

另一方面，由于下属各自的利益出发点不同，并不是每一位下属都能正确有效地主动满足上级的要求。比如说，从本质上讲，上级无不希望下属注重工作质量、成本、效率、风险和创新，但下属出于自身或本团队/部门利益的考虑，其想法和行为有时候并不能做到与上级一致。而这一现象所折射出的问题就是，双方的沟通可能在某些方面不够充分或存在某种程度的问题。

在对下沟通协作中，常见的问题有：有的管理者不愿意主动协助下属工作，或者虽然有意愿，但协作能力不足；有的管理者不善于响应下属的工作协作要求，或者态度粗暴，或者意愿不足；与此同时，上级与下属思考与处理问题的立场和角度有可能不一样，因而导致双方意见存在分歧，协作效果不佳。

沟通协作对个人职业发展的影响

在此，我们想特别就沟通协作对员工个人职业发展的意义发表一些看法。

之所以要谈这个问题，是因为大多数企业都在强调沟通协作对企业发展的价值与意义，却往往自觉或不自觉地忽略了员工们积极沟通协作对其自身的好处。以至于许多不明就里的员工对组织所要求的沟通协作，从内心深处并不积极响应，往往只是迫于组织压力而不得不进行沟通协作；因为心不甘情不愿，故而其沟通协作的效果便很难尽如人意。

积极沟通协作对员工个人的好处，可以这样来理解：每一家企业随着规模的不断扩大，组织内部的分工越来越精细化，在这一背景下，每一位岗位工作者所承担的工作职责都是有限的，其相应所需的能力也是有限的；这样一来，那些具体的细分岗位的专业工作者，即便把专业工作做到最佳，也未必有升职的可能性。

比如，一些大企业的销售部门，分工比较细致：有人专门负责新客户开发，有人专门负责老客户关系维护，有人专门负责大客户攻关，有人专门负责提供技术服务，有人专门负责后勤支持，有人专门负责管理协调……如此一来，极有可能任何一位具体的专业岗位工作者，在工作中只能发展出有限的专业工作能力。例如，一位负责老客户关系维护的人员即便把工作做到一流水平，也可能很难成长为销售部门的负责人，因为他很可能只具有维护老客户关系的经验和能力，而不具备领导整个销售部门所需要的全面的业务经验和能力。

然而，如果这位负责老客户维护的人员善于沟通协作，则有望建立起升任销售部门领导的相关能力。这便涉及到沟通协作对个人的具体益处了——

横向沟通协作的价值与意义

积极主动地进行横向沟通协作，可以使自己在协作过程中至少学习到以下三样东西。

其一，可以学习到本专业之外的工作知识。比如：营销经理协助财务经理工作，可以学习到财务管理相关的知识；生产经理协助营销经理工作，可以学习到营销相关知识。

其二，可以在协作过程中了解不同人的个性和风格。这可以帮助自己更加理解和尊重他人，而更加理解和尊重他人，一定是对自己的职业发展很有好处的。

其三，可以提高自己的人际交往能力，这也将对自己的职业发展很有益。积极主动地进行横向沟通协作，可以使自己至少获得三点回报。

第一，积极协助他人把工作做好，他人也会反过来积极协助自己的工作，这将有利于自己获得更好的业绩。

第二，善于协作的人在组织内部将获得良好的评价。这样一来，一旦有了升职机会，大家都会举荐他，至少不会为难他。

第三，善于协作者更能够获得上级领导的赏识。因为，善于协作者都是在间接地支持上级领导的工作，如果有升职机会，上级会优先将其给予他最为赏识的下属。

纵向沟通协作的价值与意义

纵向沟通协作，又可以分为对下协作和对上协作。

先说纵向沟通协作中对下协作的价值与意义。

积极主动地协助下属工作，至少可以使自己学习到三样东西：可以使自己掌握更多的工作相关信息；可以使自己更加了解下属的个性特征、思维和行为特点；可以使自己掌握更多的下级岗位相关的工作知识、观念和技能。

积极主动地协助下属工作，可以使自己至少获得四点回报：第一，对团队各方面的情况更加了解，这将有助于自己更有效地管理团队；第二，与下属的关系会更好，因而会更受下属拥戴；第三，团队士气会更加旺盛，团队业绩必然会因此而更佳；第四，当团队有更佳业绩时，自己也就有条件保有甚至于提升自己在组织中的地位。

再说纵向沟通协作中对上协作的价值与意义。

积极主动地协助上级工作，至少可以使自己学习到三样东西。其一，能够获得更多和更全面的信息。因为，在协助上级工作的过程中，自己站的位置会更高，视野会更开阔，了解到的信息也会更多。其二，可以提高自己的管理能力。在协助上级工作时，尽管自己尚未成为上级领导，但事实上已经在一定程度上尝试着担任上级领导了。其三，可以逐步建立起自己升职所需的形象、知识、技能和心态。

积极主动地协助上级工作，可以使自己至少获得三点回报：第一，上级一定会更加信任自己，这可以使自己有条件产出更佳的工作业绩；第二，在有了升职机会时，上级会优先把升职机会给到自己；第三，如果有机会升职，同事们也会自然地接纳自己，因为此前自己已经在他们的心目中建立起了"领导形象"。

2. 沟通协作能力的评价指标

基于以上认知，我们认为，任何一位岗位工作者在对其自身的沟通协作能力进行自我分析时，均可采用表6-1所示的三项评价指标：沟通协作意愿、协作过程中的沟通能力、具体的协作能力。

表6-1　　　　沟通协作能力的三项评价指标

沟通协作能力	①沟通协作意愿
	②沟通能力
	③协作能力

沟通协作意愿

在此特指一位员工对沟通协作价值与意义的认知以及对工作中沟通协作要求所持的态度。一位员工只有真正地理解了沟通协作对于企业、个人乃至社会的价值与意义，他才可能抛弃狭隘的"本位主义"或"以自我为中心"的想法，进而愿意与他人进行沟通协作。

我们的大量观察显示，那些从内心深处就不愿意进行沟通协作的岗位工作者，通常是比较自私或狭隘的。他们之所以如此，在极大程度上是因为不知道沟通协作对于企业、自己和社会究竟意味着什么。相反，那些总是愿意并能够以友善态度参与沟通协作的人们，则往往心态积极正面，思维格局较大，因而更容易建立起对沟通协作的正确认知。

沟通能力

工作中任何方向、层次和内容的协作，一定会涉及到沟通，因为有效沟通是有效协作的前提条件。而协作中的沟通，通常会涉及两个方面的内容。其一，当要求他人协助自己工作时，应如何与他人有效沟通。包括：沟通时机与方式的选择，如何获得对方的理解、确认与承诺，在协作过程中如何激励、嘉许和感谢对方，等等。

其二，在响应他人的协作要求时，应如何与他人有效沟通。包括：如何理解他人协作要求的合理性、重要性、紧急性，如何跟对方说明自己面临的问题与困难，如何确认对方的协作需求，如何协调与本岗位既定工作计划的冲突，如何向对方承诺，在不能满足对方要求或因故不能兑现承诺时如何获得对方谅解，等等。

一位员工能够全面正确地理解沟通协作的价值与意义，并不意味着他一定擅长在协作过程中进行沟通，因为沟通是一项专门技能。这项技能的背后，需要有大量的知识、经验乃至个人的品性作为支撑。不过，协作中的沟通技能，并非是指能言善辩、强词夺理、巧言令色、虚与委蛇，而是指善于站在整体的和对方的立场上思考问题，诚实友善地把事情表达清楚。

因而，我们经常会见到，那些在沟通协作方面被一致称道的员工，往往并不是那些巧言令色、八面玲珑的人物，而是那些态度诚恳、能够"急他人之所急"并有诺必践的人们。

协作能力

在此特指合理安排工作并满足协作事项要求的具体技能。通常包括以下两个方面。

一是合理安排或调整既定工作计划的技能。一般来说,每一位员工都有自己的既定工作,并且可能已经形成了既定的工作计划,而需要协作的事项则大多是临时提出来的,这意味着要满足协作的要求,就需要对既定的工作或计划作必要调整。而如何做到既有效协作,又不影响既定的"正常"工作或计划,就需要有应急性处理问题的能力。

比如,生产部门正在按照既定计划安排生产,忽然销售部门接到一个紧急的大客户订单,要求生产部门以最快速度交货。此时,生产部门要满足销售部门的这一协作要求,就需要调整既定的生产计划,而如何调整既定的生产计划,就涉及到相应的协作技能问题。

二是保证协作任务有效完成的技能。这涉及到本书第四章所论述的业务能力问题。也就是说,当一位员工的业务能力足够强时,其这一层次的协作技能便不会出现大的问题。

通常,要求协作的一方提出协作要求时,总会理性评估被求助者的相关能力,但其所提出的要求超出对方业务能力范围的事情，也是很常见的。比如，销售部门要求人力资源部门为他们找一位无须花钱却又能讲好《沟通协作》课程的培训师；又比如，研发部门要求生产部门尽快完成某一新产品的样品生产，而生产部门因为缺乏相关设备或原料而无法满足这一协作要求。在这种情况下，就需要被求助者具备足够的"沟通能力"（即上述第二项评价指标）。

3. 沟通协作能力的"红黄绿灯"

运用红黄绿灯的概念，有助于人才们在第一时间对自身的沟通协作能力状态进行"对号入座"。好消息是，这一做法有助于每一个人清楚地看到自身沟通协作能力存在的问题及可以努力改善的方向；坏消息是，这一做法可能使得那些发现自己在沟通协作能力上存在明显缺陷的人士感到沮丧甚至心生痛苦（但我们相信，在正常情况下，这种感受恰恰是一个人可以在这个方向上获得突破性进步的起点）。图6-1提供了人才们对自身的沟通协作能力进行红黄绿灯识别的工具图。

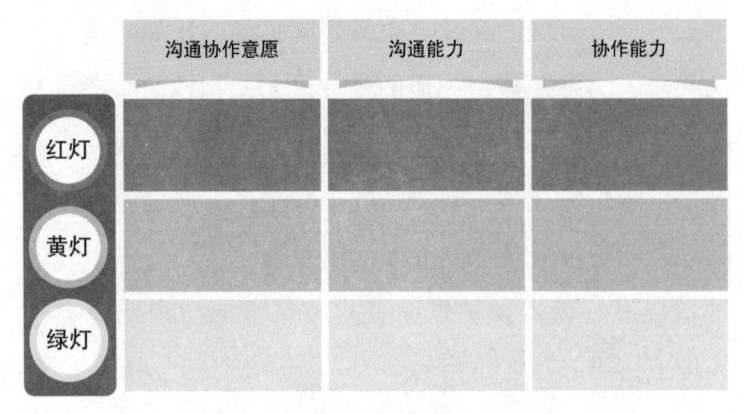

图6-1 沟通协作能力的红黄绿灯

红灯状态的沟通协作能力

当一位员工的沟通协作能力处于红灯状态时,意味着他的这项能力总体上处于比较低级的水平。一般而言,这类员工在沟通协作能力的三项评价指标上有以下具体表现。

沟通协作意愿

他们对他人提出的协作事项一般会表现出冷漠或拒绝的态度,并且总是尽可能地不寻求他人的协作。出于公司制度或上级领导的压力,他们在不得不响应他人的协作要求时,总是会寻找出各种理由尽量拖延,或者草草应付;如果因此而受到上级领导批评或求助者对其表达不满时,他们一定会寻找出一大堆理由为自己辩护。

与此同时，他们往往会尽量避免寻求他人协作，即便因此而影响自己的业绩目标达成也依然故我；或者，在不得不寻求他人协作时，他们往往会摆出一副公事公办的架势，如果因此而影响自己的工作任务完成，他们则一定会把责任推诿给他人。

沟通能力

他们因为不情愿协作，所以往往不善于在协作中进行有效沟通：要么在协作过程中以公事公办的态度面无表情地跟人打交道，要么总是寻找各种各样的理由或原因拒绝协作或把责任推诿给他人。

协作能力

他们因为不情愿协作，所以在实际协作过程中的表现也极差：不善于合理地调整或安排工作计划，总是强调自己的手头工作既重要又紧急，无法做到及时和保质保量地完成协作工作。还有一种可能就是，他们自身的业务能力严重不足，所以根本就无法进行有效协作。

当一位员工的沟通协作能力处于上述红灯状态，或者该员工身上存在以上所描述的明显特征时，意味着一般情况下他不可能把本职工作做好，他的工作也无法得到相邻岗位/部门或上下级的基本认可。任何一家公司，这类员工越多，员工之间的关系往往越差，公司的运营管理效能也就越低。优秀的公司一般不会允许这类员工在公司长期存在。

黄灯状态的沟通协作能力

当一位员工的沟通协作能力处于黄灯状态时，意味着他的这项能力总体上处于中等水平。一般而言，这类员工在沟通协作能力的三项评价指标上有以下具体表现。

沟通协作意愿

他们通常有一定的沟通协作意愿，因为他们基本上知道并能够理解协作对各方面的价值与意义，特别是在规章制度和上级领导的压力下，而不得不认真对待工作中的沟通协作要求时，他们也总是会尽力而为地参与工作中的沟通协作。但是，他们身上有一些明显的特征：能拒绝就尽量拒绝，能拖延就尽量拖延，能找理由推诿就尽量找理由推诿。

沟通能力

他们通常并不欠缺在协作过程中的语言表达能力

和理解能力，也大致懂得选择沟通的方式方法。问题在于，他们对协作所秉持的基本态度是应付，因而无论他们是否擅长沟通，其协作的效能总体上仍然只是处于一般水平。换言之，因为他们的协作态度使然，无论是响应他人的协作要求，还是寻求他人对自己的协作，他们都只会给人以"过得去"或"可接受"的印象。

协作能力

在这一层次上他们的表现也比较一般，因为他们内心深处并不欢迎他人的协作请求，而是习惯于以本岗位工作为中心。在面对他人的协作请求时，他们一般不会优先保证协作事项的完成。但是，出于规章制度和上级领导的压力，他们又不得不尽力满足对方的协作要求。总体上，他们的协作能力和结果均处于可接受的状态。

当一位员工的沟通协作能力处于上述黄灯状态，或者该员工身上存在以上所描述的明显特征时，意味着他一般最多只能把本职工作做到中等水平，相邻岗位/部门或上下级对其工作的认可程度大致也处于一般水平。由于大多数公司都存在较多的这类员工，出于"法不责众"的原因，绝大多数公司一般不会主动排斥这类员工，但这类员工却是公司提高运营管理效能的障碍。

绿灯状态的沟通协作能力

当一位员工的业务能力处于绿灯状态时,意味着他的这项能力总体上处于高级水平。一般而言,这类员工在沟通协作能力的三项评价指标上有以下具体表现。

沟通协作意愿

他们通常把他人提出的协作事项视为本岗位的工作任务,因而总是能够欣然接受协作要求,并且从不会认为协作工作是影响本职工作的"次等级"事项。他们所具有的良好的沟通协作意愿,既可能来源于他们对沟通协作价值与意义的深刻认知,也可能来源于一个十分简单而有效的想法:既然公司或领导要求协作,就没有理由不竭尽全力地做好。

沟通能力

他们在协作过程中的沟通能力普遍较强。而这种能力,通常并不是因为他们拥有超常的语言天赋,也不是因为他们具有非凡的理解能力,同样不是因为他们在沟通过程中特别善于"动脑筋",而是因为他们有极强的责任心且坚持原则,始终能够站在公司利益的立场上思考和解决问题，以及总是能够设身处地地为对方着想，因而他们已经在他人的心目中建立了高度的可信赖感。

协作能力

他们的实际协作能力也普遍较强。这是因为两点：一是他们通常都有较强的业务能力，这使得他们的协作能力自然而然较强；二是他们不会把需要协作的事项作为"次等级"工作来处理，所以总是能够想尽办法做到有效协作。特别值得一提的是，由于他们有良好的协作意愿，并且经常积极参与协作，故而其协作能力也就在日积月累的协作实践过程中不断得到提升。

当一位员工的沟通协作能力处于上述绿灯状态，或者该员工身上存在以上所描述的明显特征时，意味着他不仅可以把本职工作做到最好，其工作也将得到相邻岗位/部门和上下级的高度认可。任何一家公司，这类员工越多，员工之间的关系往往越融洽，公司的运营管理效能也就越高。每一家公司都会高度信任和倚重于这类员工，并会将升职加薪机会优先给予他们。

4. 合伙人应有的沟通协作能力

现在可以这么说了：沟通协作能力尚处于红灯状态的合伙人，与其作为公司合伙人的身份是完全不相符的；沟通协作能力处于黄灯状态的合伙人，与其作为公司合伙人的身份是不完全相符的；只有沟通协作能力处于绿灯状态的合伙人，与其作为公司合伙人的身份才是完全相符的。

绿灯状态沟通协作能力的三重价值

之所以要对合伙人的沟通协作能力提出"高标准、严要求"，是因为这一做法具有以下三重价值。

对公司的价值

当一家公司的每一位合伙人或大多数合伙人的沟通协作能力处于绿灯状态时，意味着公司的运营效率和质量会更高，运营成本会更低。当这种局面出现后，会导致一系列良好的效应：公司更能抓住市场机会，竞争能力会更强；公司的发展现状和前景会更好，外部投资者、供应商、经销商和客户对本公司会更加充满信心；公司的文化更具向心力，员工们更能感受到工作的意义，因而公司更有能力和条件吸引并保留住优秀的人才。

对合伙人的价值

当一位合伙人具有良好的沟通协作能力时，首先，他能够获得本章第一部分第二节所指出的全部价值与意义。同时，合伙人还应该这样来思考问题——

当公司的合伙人和员工都善于积极有效地沟通协作，因而出现上述公司层面的良好效应时，不仅意味着个人薪酬收入的必然增加，更意味着自身所持公司股份价值的增加。这两点对于自己和家人意味着什么，在此应该无须赘言了。

对社会的价值

当一家公司的大多数员工（首先是合伙人）都善于有效沟通协作时，会出现三种社会效应：一是该公司由此而出现的良好的经营管理状态与发展趋势，必然意味着其更有条件和能力承担社会责任；二是该公司的员工从工作中获得的回报更多，因而更具满足感和幸福感，进而会让其家人的生活更幸福；三是可以为社会培养更多的优秀人才，因为在善于沟通协作的企业工作，员工的能力素质会得到相应提升，他们的能力素质得到提升以后，将会以各种方式回馈社会。

绿灯状态沟通协作能力的实践要点

那么，一位合伙人怎样才能建立、提升和保持绿灯状态的沟通协作能力呢？我们认为，合伙人可以逐一针对沟通协作能力所涉及的三个层面展开思考并采取行动。

针对沟通协作意愿

针对这一层面的能力建设，有三个要点。其一，要认识到善于积极有效地沟通协作对个人所具有的价值与意义。对此，我们在本章第一部分的第二节已经方向性地指出过。

其二，要把他人需要自己协作的工作视为自己分内工作的一部分。这一点非常重要，但凡缺乏沟通协作意愿的人，往往会错误地认为，协助他人工作是他人在给自己添麻烦，因而习惯性地把他人需要协作的事项当作"次等级"的工作予以处理。当你把协助他人工作视为自己的分内工作时，所谓改变既定工作或计划，所谓改变工作喜好和习惯，所谓影响自己的正常工作开展，这些就都不是什么大问题了。

需要特别指出的是，当你把他人需要协作的事项视为分内工作，而对方则并不是这样想问题时，你很可能会受到某种程度的打击。在这种情况下，我们建议你先做好自己，用自己的积极心态和良好的行为结果去影响他人。当像你这样的人逐渐增多时，全公司便会逐步形成良好的沟通协作文化。

其三，时刻不要忘记自己是公司的一位合伙人。记住这一点的必要性在于，作为公司合伙人，具备绿灯状态的沟通协作意愿是应该的，反之则是自私或狭隘的。

针对沟通能力

协作中的沟通，其成效不是由语言来决定的，而是由态度、诚实和信用来决定的。

态度，在此特指面对他人需要自己协作的工作时，你是积极的还是消极的，是主动的还是被动的，是把它视为自己分内工作的一部分还是认为他人在给自己添麻烦。当你的态度良好时，你的沟通表现会更好，即便是语言拙讷，也会给对方留下好的印象。

诚实，在此特指面对他人的协作要求时，你要把自己正在进行和即将进行的工作的重要性和紧急性如实相告，并基于协作事项的重要性和紧急性，说明将何时完成协作任务。只有这样做，才能让对方理解你的处境，甚至有可能因此而调整其所提出的协作要求。

信用，在此特指要向对方承诺何时将需要协作的事项完成到何种程度，并一定要竭尽所能地兑现承诺。当你一而再、再而三地有诺必践时，你在他人的眼里就是一个有信用的人；当你有了说一不二的信用时，未来你承诺能办到的事，别人会相信你；你表示不能办到的事，人们也会相信并理解你。换言之，在这种情况下，你无须花太多的时间和精力来与人沟通，就能有效地达成沟通的目的。

针对协作能力

提高协作能力的不二法门是提高自己的业务能力（参见本章第二部分及本书第四章的相关观点）。业务能力较强的人，如果不存在沟通协作意愿和沟通能力问题，必然也具有较强的协作能力。而且，通常情况下，业务能力较强的人，其沟通协作意愿和沟通能力也不会太差。这是因为业务能力较强的人，被组织信任和倚重的程度较高，获得的工作回报也较大，在这种情况下，其在组织中的地位会促使其不断强化自己的沟通协作意愿和协作中的沟通能力。

5. 自我评估与改善计划

现在请你对照前述内容，对自己的沟通协作能力状态进行一下自我评估——

如果你觉得自己的沟通协作能力具有十分良好的特征，那么你可以将其定义为绿灯状态。如果是这样，我们要祝贺你，因为你的沟通协作能力与你的合伙人身份是完全相符的。

如果你觉得自己的沟通协作能力具有十分明显的红灯特征，那么你就应该将其定义为红灯状态。如果是这样的话，你需要高度警惕，因为这不是作为公司合伙人应有的沟通协作能力状态，你必须立即设法加以改变。

如果你无法确定自己的沟通协作能力属于绿灯状态还是红灯状态（即定义为两者中的任一状态都觉得勉强），那么你的沟通协作能力十有八九便属于中间状态（黄灯）。如果是这样，意味着你需要对自己的沟通协作能力进行必要的提升，因为只有这样去做，才符合你作为公司合伙人的身份。

无论你的沟通协作能力是红灯状态还是黄灯状态，抑或已经达到了绿灯状态，作为合伙人，你都需要不断改善、提升和强化你的沟通协作能力。那么可以怎么做呢?请把你的提升要点或行动计划写在表6-2所示的对应栏目中。在填写时,你可以参考本章已经给出的相关观点和方法,也可以根据你自己的理解来自创观点和方法。

表6-2　　　　沟通协作能力自我评估和改善计划

状态分类	本人当前的状态(勾选)	改善要点/行动计划
红灯		
黄灯		
绿灯		

特别提示

合伙人沟通协作能力的自我修养,有两个要点。其一,要将需要协作的事项视为自己的分内工作。有了这种定位,沟通协作中的许多问题都有可能迎刃而解,这一点之前已有充分讨论,在此不再赘述。

其二,要定义清楚自己在协作任务中的角色。所谓协作中的角色定位,是指在任何一项协作任务中,都有协作任务的发起者和响应者,两者的角色定位是不一样的。

一般说来，发起者应在协作任务中承担主体责任，响应者则只应在协作任务中承担辅助责任。两者的角色不能错位，否则协作的效果不会好。这是因为，当你只应承担辅助责任时，你却越俎代庖、指手划脚，结果不仅自己会很累，还有可能引起对方的不满，并有可能导致最终不能达到应有的协作效果；相似的道理，当你应承担主体责任时，你却指望响应者代劳，其结果一定会导致对方不满，甚至不予协作，当然也就不大可能产生理想的协作效果（即便偶尔有效果，也很难持续）。

第七章

修养5：
学习能力

- 重新理解学习
- 学习能力的评价指标
- 学习能力的"红黄绿灯"
- 合伙人应有的学习能力
- 自我评估与改善计划

学习，对任何一位职场人士来说都是十分重要的。因为外部世界变化越来越快，其变化会从各个方向上影响到任何一个行业和企业。企业会把适应外部变化的需要，转化成对员工的要求，传导给企业中的所有岗位工作者。在这一背景下，那些不爱好和不善于学习的人，意味着不能适应变化，不能适应变化则意味着升职无望，甚至现有的地位和利益可能不保。

对于一位合伙人而言，更有必要通过持续有效的学习来适应不断变化的企业要求（也即适应外部世界的快速变化）。因为，合伙人是企业组织中重要岗位上的人才，他们的学习/适应能力在相当程度上就是企业的学习/适应能力；他们的这种能力不仅与企业的发展关系密切，而且也直接关系到每一位合伙人能否从合伙事业中获得更大的工作回报。

合伙人学习能力的重要性还体现在，这一能力的提升是其另外四项能力素质（职业价值观、业务能力、团队管理能力、沟通协作能力）提升的前提条件。

然而，怎样才能做到有效学习？这将会是一个很大的问题。如果把学习仅仅理解为读书、上课以及浏览浩如烟海的网络文章，那定然是有问题的。本章将给出的观点和方法值得每一位合伙人认真思考。

1. 重新认识学习

之所以要"重新认识学习",是因为学习的重要性和必要性虽然看似人人皆知,但是在现实中,显然有些人比另外一些人更善于学习,并且更善于通过学习来促进或确保自己的职业成功。那么问题来了:是什么原因造成了这种区别呢?要想获得职业成功,我们应该具备怎样的学习能力呢?现在就来对此展开必要的讨论。

职业发展与学习

古今中外,有无以数计的人们拥有丰富的知识,但他们却并没有取得理想的成功,或者不如他们同时代和同行业中的少数人那样成功。另一方面,有许多成功人士,包括商界、政界、文学艺术界、军事界、科学技术界等各行各业的成功者,他们看起来并不一定比大量的没有像他们一样成功的人们拥有更多知识,但他们却又真真切切取得了他们那个时代或那个行业公认的更大的职业成就。

为什么会是这样呢？这是因为，学习是成功的必备条件，但学习并不必然导致成功。

职业成功始于学习

人们可以在某种心理支配下，用大量的理由和事实来证明，历史上和现实中获得了这样和那样成功的人们，他们的某些水平其实并不高。比如，有许多民营企业家，他们仅仅只有初中或高中学历，而另有许多拥有硕士、博士学历的人们却在为他们打工；又比如，在某些组织或某些地域内拥有权力或财富的人们，他们的个人学养并不怎么样，而另有大量知识丰富的人们却只能成为他们的下属；再比如，有许多初出茅庐的年轻人，在科学技术、文学艺术或企业经营方面取得了公认的成就，而比其更有水平的他们的导师和同行中的前辈却没能获得那样的成就。

以上的确都是事实。但是，另一个毋庸置疑的事实是，获得了职业成功的人们，他们必然在某些方面有过人之处，而他们的过人之处则一般与学习有关。

——当我们说一部分民营企业家只有初中或高中学历时，这并不意味着他们没有才华。相反，他们一定是因为具有某些过人的东西才成长为企业家的，比如对市场和竞争的敏锐感知、把机会变成财富的能力、管理动态组织的智慧、处理复杂人际关系的技巧等等。那些成就他们过人之处的东西，毫无疑问都是知识，而这些知识则是通过学习和领悟得来的。

——当我们说那些在某些组织或某些地域内拥有权力或财富的人们，他们的个人学养并不怎么样时，这并不代表他们没有才华。相反，他们一定是因为具有某些过人之处，才获得了权力或财富。比如他们可能对某一特定组织或某一有着更高权势的人物更加忠诚，又比如他们可能具有处理复杂人际关系的能耐，还比如他们可能十分善于随机应变、凭风借力。那些成就他们过人之处的东西，也毫无疑问都是知识，而这些知识则也是通过学习和领悟得来的。

——当我们说那些在事业成就方面超越了他们的导师或同行中前辈的年轻人，他们的水平不如导师或前辈时，这并不意味着他们的导师或同行中的前辈在所有方面都比他们更有才华。相反，他们一定也是因为具有某些过人的特质，才取得了某些成就。比如：他们追求成功的意愿可能更为强烈，他们可能更善于抓住稍纵即逝的机会，他们可能在某些狭小的领域更有见地，等等。那些成就他们过人之处的东西，同样毫无疑问是知识，而这些知识则同样是通过学习和领悟得来的。

职业成功是人的连续性职业行为的结果，人的行为是受大脑支配的，人的大脑又是由知识来驱动的，而知识则是通过各种各样的方式学习和领悟得来的。

学习什么更重要

还有一个不争的事实是：成功的人们在知识总量上或某些知识方面可能并不一定比那些没有成功或不怎么成功的人们要多，但在其知识的有效性方面，一定比那些没有成功或不怎么成功的人们要突出。我们现在谈论的就是这一问题。

在以下两种情况下，知识并不一定能导致一个人的职业成功。

第一，所拥有的知识与所从事的工作/职业没有直接关系。

也许有人拥有广泛的知识，懂天文、地理、哲学、股票、体育、麻将、书法、中医、养生保健、古代汉语、七个国家的语言……，然而，如果这些知识与他正在从事的工作/职业没有直接关系，那么这些知识可能并不能直接为他获得职业成功贡献多少价值。

或许，学习更广泛的知识，可以陶冶一个人的情操，使他看起来更有学养，使他在与人交往时更为健谈，或者能够有助于他找到志趣相投的爱人或朋友，但是对他的职业发展却未必就有直接的帮助。或许，学习广泛的知识，对他的职业发展具有间接的积极作用，但要知道，人的时间和精力是有限的，当他把有限的时间和精力更多地花在了学习那些对其工作和职业没有直接帮助的知识方面，便意味着他没有太多的时间和精力用于学习那些可以直接导致其工作和职业进步的知识方面。

第二，所拥有的知识只属于大众化的范畴，并无独特性。

也许一个人在所从事的行业、职业或专业范围内懂得很多知识，但是他却并没有获得职业成功，可能的一个原因是，他懂得的知识别人也是懂得的。

设想一下，一位古代武士，他懂十八般武艺，但在他那个时代以及所在地域内的许多习武之人也懂得十八般武艺，那么，在比武中他会赢吗？不一定。现代职场也是如此：一个人懂得的工作和职业范围内的知识虽然很多，但许多人懂得的跟他一样多，甚至比他懂得的还要多，那么他凭什么就能够脱颖而出呢！

是的，拥有能够使自己脱颖而出的专业和职业知识才是至关重要的。当许多人都懂得十八般武艺时，某一个人除此之外还懂得一两项绝技，比如他会"一指禅"，又比如他会"隐身术"，还比如他有"铁布衫"，那么他便可能会在比武中胜出。在某一职业或行业内部（或某一组织内部），别人懂的东西你也懂，别人不懂的东西你也懂时，你才有可能在竞争中胜出。这个道理既浅显又深刻：当一个人拥有竞争对手所没有的知识时，他的知识也就具备了独特性，这种独特性的知识正是确保他在职场上脱颖而出的前提条件。

独特性的知识一般有两个来源。

一是来源于向他人学习。比如，一位武士得到了某位武林顶尖高手的指点，他便拥有了打败对手的独特的武艺；又比如，一位书法家得到了同时代顶尖书法大师的亲传，他便拥有了独特的书法技艺；再比如，一位职场人士获得了行业内顶尖高手的指导，他便拥有了其他人可能不具备的某些独特技能；还比如，一个人通过看书、看电影、上网、参观、旅游等，看到和领悟到了他人创造的某些独特知识或技能，并将其应用于自己的工作中，便可能使得他在特定的方面比别人表现得更为出色。

二是来源于"创造性学习"（稍后我们将专门介绍）。当一个人基于自身的学习和实践，产生了属于他自己的见解，或者创造出了属于他自己的专有经验、体会和技能，他便是创造了知识。真正的成功者都有自己的一套哲学思想或行为模式，他们或将其著书立说，或将其应用于自己的职业实践之中，他们便因此而从众多的竞争者中脱颖而出。

学习的四个层次

我们基于自己的学习经验以及多年的研究认为，人类个体的学习行为大致可以分为以下四个层次。

- 自然性学习
- 被动性学习
- 主动性学习
- 创造性学习

这四个层次的学习有着很大的区别，其学习效率也大相径庭。使用这组概念可以分析和解释：为什么有的人能够快速有效地掌握某些知识，甚至于能够快速成为其所在专业领域的顶尖人群，而大多数人则虽然在努力学习，但学习并不能带给自己所希望的回报？受篇幅所限，下面我们仅限于讨论职场人士的这四种学习情境。

自然性学习

"自然性学习"也可称之为无明确目的的学习方式。这种学习方式常常被人们所忽略，但事实上它是人们脑海中知识的重要来源。

自然性学习的基本特征是，学习者在感知到某种信息或知识之前，并无明确的学习目的，甚至都没有意识到自己是在学习，被学习到的信息或知识是随机地或自然地被感官所感知到的。被感知到的信息或知识被储存进大脑以后，在适当的时机才会被调用出来派上用场。

比如，一位员工在参加会议时注意到，有些同事发言时会以"各位领导和同事，大家上午好"为开场白，他觉得这样挺好的。于是，在不久后的某一次会议上，他也用这句话作为自己发言时的开场白。

又比如，一位刚毕业不久的女大学生，看到办公室的部分同事在下班时间还没到时，就开始收拾物品准备下班，等下班时间一到，便旋即离开办公室。她看在眼里，记在心上。之后，每到快要下班的时间，她便也会提前收拾妥当准备下班。但同样是这位员工，后来发现办公室的另外一些表现优秀的员工以及部门领导，不仅不会在下班时间还没到就准备下班，而且通常还会自觉自愿地加班加点，于是她想，自己也应该这么做，才有可能也成为一名优秀员工。

再比如，一位员工有一次跟同事聊天时获知，公司里曾有一位采购经理因为吃供应商的巨额回扣，被公司送进了班房。他于是懂得了一个道理：不能利用工作之便做违法犯罪的事情，否则"不会有好果子吃"。

在我们每一个人的大脑中，都有大量的信息和知识是通过这种自然性学习而得来的，在某些情况下，这样得来的知识甚至比特意学习得来的知识更具效用。基于这一认知，如果企业能够有意识地营造出良好的员工学习与成长环境，则员工就更有可能得到"自然的"学习与成长。

被动性学习

"被动性学习"在此特指员工在组织或上级领导的要求下学习某些知识或了解某些信息。这种学习方式现在十分常见，比如：企业组织员工学习公司的文化和规章制度，让员工参加某一主题的课程培训，让员工阅读某一本书，组织员工学习某位优秀同事的事迹，等等。

被动性学习的基本特征是，学习的目的是明确的，但并非来自学习者内在的自发，而是来自外部力量的强加。这种外部力量既可能来自企业组织，也可能来自某位领导，还可能来自某位有特定影响力的人物。

看到被动性学习这个概念，读者可能会认为，这是一种"不好"的学习方式。它之所以会给人以这种印象，是因为我们每一个人都有这样的经验：当一个人被他人安排或要求学习某些知识，其效果会因为不是出于学习者自愿而不会很好。但事实上，在特定的条件下，被动性学习也可以是一种效率较高的学习方式。

比如，我们每一个人从儿童到大学毕业这个时间段里，从学校里所掌握的大量知识，绝大多数都是教育部门、学校和家长强加给我们的；又比如，员工为了通过某种技术职称评定考试而学习，也带有一定程度的被动性学习成分，但其学习效果往往并不差。

事实证明，有些被动性学习的效果之所以不佳，可能有两个原因：一是企业或领导在安排学习时，没有明确告知学习内容与学习者的切身利益有什么关系；二是学习者不知道或没有能力领悟到所学内容与自身利益的关系。换言之，解决了这两个问题，就能有效改善被动性学习的效果。

主动性学习

"主动性学习"是与"被动性学习"相对应的一个概念。被动性学习是以组织为中心的学习，即由组织来设计学习方式、学习内容和学习目标，要求或希望员工予以满足，虽然过程中员工也有一定程度的"主动性"（比如，在一次课程培训中，员工可以主动选择记住某些自己认为重要的内容，忽略自己认为不重要的内容）。

主动性学习则恰好相反，它是员工基于一定的目的，主动选择学习方式和学习内容的自我提升过程。员工个人自主学习的方向，既可能与组织对员工所要求或期望的方向一致，也可能与组织对员工所要求或期望的方向不一致。前者例如，一位管理者正在阅读杰克·韦尔奇的自传，他希望把书中传授的知识应用到其日常管理工作当中；后者例如，一位员工正在阅读一篇指导如何跳槽或怎样在工作中跟领导博弈的网络文章。

员工主动性学习的方式通常包括：阅读书报杂志、网络文章，参加自己感兴趣的讲座或培训活动，有目的地收看一些特定类型的电视节目或视频课程，为获取某一职业资格证书或者更高级别的学历而进行的各种形式的自学，向同事、朋友、客户、同学或老师请教某些知识或经验，与他人讨论问题或观摩他人工作，等等。

乍一看，主动性学习是一种很受欢迎而且效果很好的学习方式。然而，需要引起高度注意的是，这种学习方式的确比较受欢迎，但效果是不是很好则不一定。因为，在没有外部因素干预或限制的情况下，学习者既可以选择学习，也可以选择不学习；既可以选择学习这方面的知识，也可以选择学习那方面的知识；既可以选择学习对所在组织有利的知识，也可以选择学习不利于所在组织的知识（比如，学习如何利用公司的管理漏洞来为自己谋取不正当或非法利益）。

尤其需要引起注意的是，在网络时代，信息大爆炸，各种随之而来的学习机会层出不穷。在这种背景下，如果一位员工不善于识别并抵挡住各种各样的诱惑，他的主动性学习效果将会大打折扣，甚至还可能会对其未来的职业发展造成不利影响。

创造性学习

这是我们两位作者在过去六年间反复在数十家企业进行实验并一直在极力倡导的一种学习方式。这种学习方式的基本特征是，为挑战自身现实能力达不到的业绩目标，学习者穷尽一切手段占有他人创造的知识，并自主创造知识。

为了使读者快速了解什么是创造性学习，我们举一个例子（请注意：类似的例子在每一家公司都有发生，也几乎是每一位职场人士所经历过的，只要组织或员工意识到这种学习方式的价值，并刻意去实践这种学习方式，便一定能够取得超预期的学习成果）——

某年，某家用电器公司采购部门一位负责包装材料采购的主管被提拔到了采购部经理的岗位。新任采购部经理在上任之前，公司总经理找他谈过一次话。在那次谈话中，总经理指出，他上任后的工作重点是设法降低公司的采购成本，并为其订立了具体的年度目标：使公司的总采购成本较上一年度降低3%。

该采购部经理上任以后，便把主要精力放在了如何降低公司的采购成本这个方向上。为了实现总经理给他下达的成本降低目标，他先后采取了许多方式寻求降低成本的方案。比如：要求部门内所有的人员积极提出合理化建议，购买了大量相关书籍来阅读，重新翻阅了自己以前学习过的精益生产方面的课程教材和笔记，率领其团队前往北京、上海等地学习相关课程，与生产部门和物流部门的人员讨论相关问题，向一部分供应商的经理人员请教，等等。最后，经公司总经理办公会同意，他采取了一项名为"集中采购、发展供需同盟关系"的战略来降低成本。

采取新战略的第一年，按可比价格计算，公司的总采购成本较上年降低了2.7%，没有达到总经理之前下达的目标。尽管如此，该采购部经理及其部门的工作成绩还是得到了公司领导层的高度肯定。

上述例子中的主人公针对特定的目标，寻找一切途径和方法谋求达成目标的过程，就是创造性学习。在这一过程中，他不仅能够最大化地占有他人创造的知识成果，并且能够自主发明解决问题的方法。表面上看来，创造性学习一点儿也不神奇，因为这种学习方式每时每刻都在每一家企业中发生。但是，如果从其学习效果来看，我们不得不承认，它是一种"神奇"的学习方式。其神奇性体现在以下方面。

——能够快速地学习大量知识。
——能够迅速把他人的成果转变为自己的知识。
——学习本身具有创造知识的性质。

——可以使学习者迅速脱颖而出。

——即便最终没有完全达成目标,学习者也因之而得到了快速成长。

创造性学习既可以适用于学习者个人自觉/自主进行的学习活动,又可以是组织发起的针对特定员工群体的学习活动。

需要特别指出的是,我们的研究和实验证明,有组织地开展创造性学习活动,其学习效果会更为显著。因为,有组织的创造性学习活动,既不会偏离组织的目标,又能够促使学习者(不得不)产生能够满足组织意愿的主动性学习动机。我们将在"合伙人三部曲"的最后一部著作《合伙人的管理与培养》中用大量的篇幅,详细介绍企业开展创造性学习的前提、方式和方法。

2. 学习能力的评价指标

基于以上论述,我们认为,任何一位员工在对其自身的学习能力进行自我分析时,均可以采用表7-1所示的三项评价指标：学习方向与目标、学习路径与方法、意志力与变通性。

表7-1　　　　　　学习能力的三项评价指标

学习能力	①方向与目标
	②路径与方法
	③意志力与变通性

方向与目标

在此特指一位员工是否知道自己应该学习什么，以及在正确的学习方向上是否有明确合理的学习目标。

现实中，半数以上的员工看起来都是愿意学习的（因为他们也梦想取得职业成功），并且他们也明白一个基本道理：不学习就无法建立起足够的职业能力，没有足够的职业能力便无法取得职业成功。因而，如果我们问及一位员工是否愿意学习，他一定会回答说"很愿意"。然而，有学习意愿是一回事儿，是否明白自己应该学习什么以及追求达到怎样的学习目标却是另一回事儿。

有效的学习，一定要有正确的方向（我们在此讨论的是职场人士的学习问题，因而此处所说的"正确的方向"，特指学习与工作相关的内容）。具体说来，当一位员工在工作时间内，其学习内容与其正在从事的工作相关时，他的学习方向便是正确的，反之就有可能是存在问题的。

（我们并不反对，一个人在学习工作相关的知识之余，可以涉猎广泛的其他知识，但在学习过程中，一定要有自己的"主修"方向。因为，实践已经反复证明，没有明确方向的学习不会对自己的职业发展构成大的贡献，反而还很有可能异化自己的能力，或者弱化自己既有的核心能力。而当一个人有了正确的学习方向以后，即便他大量地涉猎看似与"主修"方向无关的内容，也很有可能会对其主修方向做出贡献。比如，医生阅读历史著作，科学家阅读武侠小说，也是有可能从中获得专业灵感的。）

在明确了学习方向之后，员工还要思考：自己在既定的学习方向上有无明确有效的学习目标。对于某一方向上的学习内容，追求"知道"是一回事儿，追求"理解"是另一回事儿，而追求"精通"甚至成为这个领域内的顶尖高手则又是一回事儿。这便是目标了。

学习目标可以分为保守、合理和过高三个层次。当一位员工所订立的学习目标是其有能力轻易达成的，说明其学习目标是保守的；当一位员工所订立的学习目标高于其现有的能力，但经过努力可以实现，说明其学习目标是合理的；当一位员工所订立的学习目标远远高于其实际能力，因而怎么努力学习都是很难实现的，说明其学习目标定得过高。

路径与方法

在一位员工有了正确和有效的学习方向与目标以后，他进而采取怎样的学习方式来达成自己的学习目标，便是一个学习路径与方法问题。

在上面部分，我们已经指出并论述了员工学习的四种基本方式（自然性学习、被动性学习、主动性学习和创造性学习）。选择怎样的学习方式，便是一个学习路径问题；而在选择了学习路径之后，将怎样具体展开学习，便是一个学习方法问题。

通常，针对任何一项需要学习的内容，人们有可能会同时有意识或无意识地采取多种学习路径。比如，一位管理者要学习团队管理方面的知识，他既有可能在自然状态下感知到跟团队管理相关的知识，也有可能被动参加公司安排的相关课程学习，还有可能主动阅读相关书籍或文章，甚至有可能在组织的要求下采取创造性学习的方式。

特别值得一提的是，我们的研究和经验显示：当一个人愿意采取创造性学习方式来实现自己的学习目标时，意味着他同时能够有效地利用其他三种学习方式；

当一个人只愿意或只是习惯性地采取自然性学习方式时，意味着他通常不太愿意采取其他三种学习方式；换言之，四种学习方式是有高低层次之分的——自然性学习层次最低，被动性学习层次较低，主动性学习层次较高，创造性学习层次最高。在建立了这一认知之后，一位员工基本上就可以分析和判断出其所采取的学习路径的有效程度了。

无论选择怎样的学习路径来获取知识，都涉及到一个学习方法问题。由于学习方法可谓"汪洋大海"，并且每个人的学习习惯、能力和经验又是千差万别的，因而很难对各种各样的具体学习方法进行评价并给出建议。但是，我们依然可以这样认为：所有学习效果好（有利于达成学习目标）的方法就是高效的学习方法，反之就是低效或无效的学习方法。

意志力与变通性

一位员工有了明确合理的学习方向与目标，并且采取了有效的学习路径与方法以后，他未必就一定能够顺利地达成学习目标。我们之所以这样说，有两点原因：一是合理的学习目标一般是高于自己现有学习能力的，这使得达成目标并非轻而易举，学习者只有付出足够的努力才有可能最终达成学习目标；二是在大多数情况下，学习是为了解决特定问题，而所习得的知识在许多时候并不能机械地直接应用于解决问题，只有创造性地学习和应用知识，才有可能解决问题。由此我们可以认为，学习者的意志力和在学习过程中的变通性，便成为达成其学习目标的重要变量。

所谓意志力，在此特指学习者在面对学习过程中碰到的问题、困难与挑战时，是坚持、降低还是放弃既定的学习目标？这便是一个学习意志力的问题。比如，一家汽车公司的工程师团队在解决汽车发动机方面的某一重大技术难题时，他们穷尽了所有的学习方式和方法都无法达成目标。在这种情况下，他们面临三种选择：放弃解决难题、只解决部分问题、决意无论如何都要攻克难关。

由于在学习过程中碰到问题、困难与挑战是十分常见的事情，而且在追求目标的过程中放弃目标是一件轻而易举的事情，所以我们会看到，大多数平庸的职场人士在追求目标的过程中碰到问题、困难与挑战时，总是习惯于选择放弃或妥协。也正因如此，人们往往会自然而然地对那些在任何情况下都能坚持既定目标的人心存敬意。故而，我们在此所说的学习意志力，是指学习者在面临问题、困难与挑战时，是否能够做到坚持既定的学习目标不动摇。

然而，在坚持既定的学习目标时，学习者所面临的问题、困难与挑战并没有消失，这个时候，学习者就不能继续沿用原先的学习路径与方法了，这便涉及到一个变通性的问题。所谓变通性，就是学习者为了达成既定的学习目标，灵活地或随机应变地或不拘一格地采取一切有可能达成目标的各种有效的学习路径与方法。

留心观察和分析，我们会发现，在人类生活的所有领域，那些曾取得过伟大成就的人物，都既具备坚定的意志力，又能够在碰到问题、困难与挑战时十分善于变通。而那些平庸的人，则要么缺乏意志力，要么缺乏变通性，要么两者都缺乏。

3. 学习能力的"红黄绿灯"

运用红黄绿灯的概念，有助于人才们在第一时间对自身的学习能力状态进行"对号入座"。好消息是，这一做法有助于每一个人清楚地看到自身学习能力存在的问题及可以努力改善的方向；坏消息是，这一做法可能使得那些发现自己在学习能力上存在明显缺陷的人士感到沮丧甚至心生痛苦（但我们相信，在正常情况下，这种感受恰恰是一个人可以在这个方向上获得突破性进步的起点）。图7-1提供了人才们对自身的学习能力进行红黄绿灯识别的工具图。

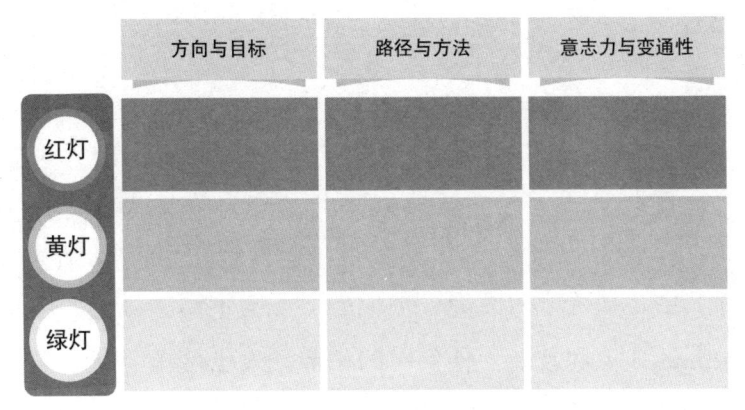

图7-1 学习能力的红黄绿灯

红灯状态的学习能力

当一位员工的学习能力处于红灯状态时，意味着他的这项能力总体上处于比较低级的水平。一般而言，这类员工在学习能力的三项评价指标上有以下具体表现。

方向与目标

他们不爱好学习，几乎从不会主动学习（如果有主动学习的话，也仅限于快速浏览网络文章），对组织安排的学习经常心存抗拒。因为他们没有明确的学习意愿、方向与目标，因而学习对他们来说是一件极为难受的事情。他们中的一部分人，也存在一定程度的学习意愿，也有可能制定过某种程度的学习目标与计划，但他们的学习方向和目标与其正在从事的工作和职业基本上没有什么关系。

路径与方法

他们习惯于以自然性学习的方式来获取知识和信息，这是因为他们没有有效而又明确的学习方向与目标。由于缺乏学习意愿，他们一般不会主动学习与工作相关的知识和技能。他们中的一部分人也可能会制定学习计划，并采取主动性学习方式甚至于创造性学习方式来获取知识，但他们的这种学习热情和精神，往往只限于满足其个人的某些需要，而与正在从事的工作并没有多大关系。

意志力与变通性

他们缺乏学习意志力，在学习过程中碰到问题、困难与挑战时，或者面临新的机会诱惑时，或者迟迟不能达成学习目标时，他们会放弃既定的学习目标，或者是采取退而求其次的行为。他们看似在碰到问题、困难与挑战时不善于变通前行，但其实质问题在于，他们不具备学习与工作相关知识与技能的意愿。他们中的一部分人，或许在满足个人或家庭需要的某个方向上也具备坚定的意志力，并善于变通前行，但这仅仅限于对待个人或家庭事务方面，而与其正在从事的工作并没有多大关系。

当一位员工的学习能力处于上述红灯状态，或者该员工身上存在以上所描述的明显特征时，说明他的发展潜力十分有限。任何一家公司，这类员工越多，公司的发展潜力越是堪忧。但凡优秀的公司，都不会允许这类员工长期存在。

黄灯状态的学习能力

当一位员工的学习能力处于黄灯状态时，意味着他的这项能力总体上处于中等水平。一般而言，这类员工在学习能力的三项评价指标上有以下具体表现。

方向与目标

他们具有围绕正在从事的工作而学习的意愿（其中一部分人的学习意愿在短期内还可能十分强烈），并且在组织或上级领导或某位导师的影响下，也大致知道自己应该学习的内容，并且也有可能会给自己设定具体的学习目标。但是，由于他们缺乏相应的能力或经验，或者由于学习路径与方法选择不当，或者由于缺乏应有的学习意志力与变通性，他们制定的学习目标与计划，通常只能部分地得以实现。

路径与方法

他们基本上能够响应或参加组织或上级领导要求的学习活动（包括组织发起的被动性学习和创造性学习项目），在学习过程中也能做到尽可能地寻找最佳的学习方法，还能主动地采取多种方式与方法学习一些与其从事的工作相关的内容。但是，由于他们追求职业成功的意愿并不强烈，或者因为相关能力或经验不足，他们的学习效果并不令人满意。

意志力与变通性

他们在学习过程中碰到问题、困难与挑战时，往往不善于变通前行，而是习惯于随大流，尽可能地把不能实现学习目标的原因归结于外，因而会出现两种后果：要么学习计划不了了之，要么降低学习目标要求。他们中的一些人也知道自己的学习意志力与变通性存在不足，因而经常在组织或上级领导的批评下进行自我反思甚至于自责；然而，这只是偶尔会发生的事情，由于他们的学习意愿并不强烈或相关能力与经验不足，他们随后仍然会回到常态。

当一位员工的学习能力处于上述黄灯状态，或者该员工身上存在以上所描述的明显特征时，说明他的发展潜力处于一般水平。在大多数公司的中基层，这类员工通常占比较高。也正因如此，公司一般会一定程度地容忍这类员工存在，并总是苦口婆心地试图说服这类员工做出改变。但是，由于这类员工是"主流"人群，几乎每一家公司对他们所采取的只是"尽力影响""听其自然"或任其"自生自灭"的态度。

绿灯状态的学习能力

当一位员工的学习能力处于绿灯状态时，意味着他的这项能力总体上处于高级水平。一般而言，这类员工在学习能力的三项评价指标上有以下具体表现。

方向与目标

他们有明确而又有效的学习方向与目标。他们的学习方向与目标往往不是组织或上级领导强加的，而是他们发自内心的认知和追求。正因如此，他们通常能够在学习过程中下意识地管住自己——随时提醒自己应该抓紧时间学习并抵挡住各种机会的诱惑。在日常生活中，他们也有可能涉猎一些看起来与其正在从事的工作没有直接关系的学习内容，但由于其学习方向与目标明确且有效，他们学习那些看似与工作不相关的东西，却也能促使或启示他们去解决工作中的问题。

路径与方法

由于他们的学习方向与目标明确而有效，他们通常能够采取一切有效的方式与方法进行学习——不拘泥于形式或机械地遵循他人给定的方法，而是习惯于按照自己认为有效的方式与方法行事。他们在选择学习方式与方法时，有一个十分鲜明的特征：在其内心深处，并不是把学习仅仅作为"学习"来看待的，而是把学习作为解决现实工作中某些问题的手段。正是基于这一点，他们在学习上往往"不择手段"，因为在他们看来，一切有助于解决自己所面临的现实问题的学习方式与方法都是"好的"方式方法。

意志力与变通性

他们在学习过程中具有极强的意志力，一旦确定了学习目标，即便碰到了问题、困难与挑战，也不会轻易放弃。在这种情况下，要实现既定的学习目标，他们只能硬着头皮继续前行——先是硬闯，如果走不通，则绞尽脑汁地变通前行（或改变学习路径，或改变学习方法，或干脆自主解决问题）。当他们这样做时，他们也就积累起了在学习过程中既有坚定意志又能变通前行的实践经验,有了这种经验,他们在下一阶段的学习过程中碰到问题、困难与挑战时,便会更加意志坚定和更加善于变通前行。

当一位员工的学习能力处于上述绿灯状态,或者该员工身上存在以上所描述的明显特征时,说明他的发展潜力处于极高水平。在大多数公司,这类员工一般说来都是公司高度信任和倚重的对象。在条件允许的情况下,公司通常会把升职加薪的机会优先给予他们(只有那些存在"劣币驱逐良币"的肥沃土壤或丑陋文化的公司,这类员工中的"脆弱"者,其生存和发展空间才会受到某种程度的限制)。

4. 合伙人应有的学习能力

现在可以这么说了:学习能力尚处于红灯状态的合伙人,与其作为公司合伙人的身份是完全不相符的;学习能力处于黄灯状态的合伙人,与其作为公司合伙人的身份是不完全相符的;只有学习能力处于绿灯状态的合伙人，与其作为公司合伙人的身份才是完全相符的。

绿灯状态学习能力的价值

之所以要对合伙人的学习能力提出"高标准、严要求"，是因为当一家公司的每一位合伙人或大多数合伙人的学习能力处于或趋于绿灯状态时，便意味着他们的职业价值观、业务能力、团队管理能力和沟通协作能力都能达到或趋于最优。而当这种局面出现以后，就将对公司、个人和社会产生相应的价值与正面意义。本书第三、四、五、六章已经对此进行过详细论述，此处不再赘言。

绿灯状态学习能力的实践要点

那么，一位合伙人怎样才能建立、提升和保持绿灯状态的学习能力呢？我们认为，合伙人可以逐一针对学习能力所涉及的三个层面展开思考并采取行动。

针对方向与目标

合伙人要有明确有效的学习方向与目标，其关键点并不是在学习的方向与目标上着力，而是应该做足"诗外功夫"。所谓"诗外功夫"，是指要有明确的职业或专业定位，并要有强烈的追求职业或事业成功的欲望。当一位合伙人具备了这两点之后，他便自然而然地就会有明确有效的学习方向与目标。

谈到职业或专业定位以及职业或事业成功欲望，我们不能不说，一个人的职业或专业能力现状，会极大地影响其职业或专业定位，进而影响其学习方向与目标定位。

通常，当一个人的职业或专业能力处于三级以上水平（五分制；最高五级，最低一级）时，他几乎无须思考自己的学习方向与目标问题。因为，在这种情况下，意味着他的职业或专业能力是既定的，且获得了组织和他人的肯定，因而他也就能够意识到，自己需要做的是通过学习进一步强化自身的既有优势能力。

然而，当一个人的职业或专业能力处于三级以下水平时，他则很可能会失去进一步学习的方向与目标感。这是因为，当他的职业或专业能力处于中等以下水平时，尽管他也希望提升能力，并有可能也的确一直在努力，但是，能力的提升并非轻而易举之事（而且能力越往上行，难度越是成倍增加），需要他投入足够的时间、精力和情感才有可能做到；此外，来自社会、组织、家庭或个人内心的压力也会与日俱增（成功欲望越是强烈，面临的内外部压力越大）。

在这种情况下，一些意志不够坚定的人就很可能会因为缺乏耐心而放弃在正确的方向上追求"上进"。他可能会对自身正在从事的职业或专业产生厌倦，或开始怀疑自己的职业或专业方向选择是否正确，因而其职业或专业定位就可能被动摇。进而，他就很容易被想象中的"美好机会"所诱惑。比如，一位业绩低于中等水平的销售人员，可能会基于美好想象而将人力资源管理工作作为自己新的职业方向与目标来追求。

解决这一问题的正确思路是，当一个人的职业或专业能力处于三级以下水平时，他应该时刻提醒自己：要抵挡住新的职业或专业机会的诱惑，并努力而又坚定地提升自己在既定职业或专业领域的工作能力。当他的工作能力得到提升之后，他会获得相应的组织肯定和自我肯定，而这种肯定将强化他的能力；当他的能力被强化之后，他便没有必要去对新的职业或专业领域发生兴趣。这样一来，他也就有了明确有效的学习方向与目标。

针对路径与方法

在一位合伙人已经有了明确而有效的学习方向与目标之后，选择怎样的学习路径与方法，便已经不是什么大问题了。因为，只要他沿着既定的方向不断追求达成更高的目标，即便没有人提供指导，他也大致能够逐渐探索出正确有效的学习路径与方法。

不过，为了使大家少走弯路，我们还是有必要指出：最有效的学习路径与方法就是上文我们已经介绍过的"创造性学习"方式。之所以再次强调，有两点原因。其一，创造性学习要求学习者完全围绕"挑战高工作目标"来展开，这样可以确保学习者在学习过程中不会走偏，并且其学习效果直接而又显著。其二，当一位学习者采取了创造性学习方式之后，他便能够更有意识地进行"自然性学习"，其参与的"被动性学习"也可能会转化为"主动性学习"，而其"主动性学习"的效率也必然会大大提升。

针对意志力与变通性

意志力与变通性是互为因果、相互促进的。只要一位合伙人有足够的意志力，他就有可能会建立起相应的变通能力。因为，当他在学习过程中面临问题、困难与挑战，而他又要坚定地达成既定学习目标时，他便只能穷尽心思与办法，过程中他的变通能力也就会得到提升。另一方面，当一位合伙人具备了一定的变通能力之后，他在学习过程中碰到问题、困难与挑战时，就可能会有足够的自信来坚持其既定的学习目标，而当他因坚持既定的目标而使其变通能力得以不断提升时，他进而在追求学习目标的过程中会更加坚定。

在提升意志力与变通性的过程中，"耐心"是一个关键点。所谓"耐心"，在此是指合伙人应当穷尽一切可能，坚持不懈地解决学习过程中碰到的各种问题和困难。当他一次又一次地穷尽了一切可能，并最终解决了学习过程中的问题和困难时，他将达到一种前所未有的境界：回首往日的经历，油然产生"一览众山小"的感觉，进而更有经验和自信攀登新的高峰。

5. 自我评估与改善计划

现在请你对照前述内容，对自己的学习能力状态进行一下自我评估——

如果你觉得自己的学习能力具有十分良好的特征，那么你可以将其定义为绿灯状态。如果是这样，我们要祝贺你，因为你的学习能力与你的合伙人身份是完全相符的。

如果你觉得自己的学习能力具有十分明显的红灯特

征,那么你就应该将其定义为红灯状态。如果是这样的话,你需要高度警惕,因为这不是作为公司合伙人应有的学习能力状态,你必须立即设法加以改变。

如果你无法确定自己的学习能力属于绿灯状态还是红灯状态(即定义为两者中的任一状态都觉得勉强),那么你的学习能力十有八九便属于中间状态(黄灯)。如果是这样,意味着你需要对自己的学习能力进行必要的提升,因为只有这样去做,才符合你作为公司合伙人的身份。

无论你的学习能力是红灯状态还是黄灯状态,抑或已经达到了绿灯状态,作为合伙人,你都需要不断改善、提升和强化你的学习能力。那么可以怎么做呢?请把你的提升要点或行动计划写在表7-2所示的对应栏目中。在填写时,你可以参考本章已经给出的相关观点和方法,也可以根据你自己的理解来自创观点和方法。

表7-2 学习能力自我评估和改善计划

状态分类	本人当前的状态(勾选)	改善要点/行动计划
红灯		
黄灯		
绿灯		

特别提示

合伙人要想快速提升学习能力，涉及两个关键"抓手"：一是要有明确而又坚定的奋斗目标，二是要敢于和善于穷尽一切方式来解决追求目标过程中碰到的所有问题；有了前一个抓手才会产生由内而外的学习动力，有了后一个抓手才会产生迅速倍增的学习效果。而将这两个关键抓手加在一起，其实就是我们在本章中多次提及并极力推荐的"创造性学习"方式。

我们的经验和实验显示：每一位合伙人都可以自觉自愿地运用创造性学习方式来使自己快速学习与成长，但是，有组织地采取这种学习方式，则更能确保每一位参与其中的学习者快速地建立和提升相关能力。这是因为，个人自觉自愿地采取这种学习方式，属于本章中提及的"主动性学习"范畴，它在相当程度上有赖于学习者具备自控力，才可能产生相应的学习效果；而有组织地采取这种学习方式时，来自组织的强大压力，会迫使每一位参与其中的学习者"不得不"通过极度的自律，来确保这种学习方式必然产生最佳的能力建设效应。

  关于有组织地开展创造性学习的具体方法体系，我们将在"合伙人三部曲"的第三部著作《合伙人的管理与培养》中详细介绍。需要提请注意的是：不仅所有的公司均可以运用该书中介绍的方法，来促使本公司里的所有合伙人快速提升其能力素质；而且所有的合伙人个人也可以运用该书中介绍的方法，来促使其所在团队的全体成员快速地学习与成长。

附录 | **最后的四点建议**

我们基于过往的写作、教学和咨询服务经验推测，合伙人在利用本书的过程中，可能会碰到以下四个方面的问题：

阅读本书的同时或之后，还应学习哪些知识？
不习惯于自主阅读，应怎样学习和利用本书？
如何针对本书开展集体性学习活动？
如何解决由本书引申出的合伙人管理问题？

在本书的结尾部分，我们决定用"附录"的形式，来逐一回答上述四个问题。需要说明的是：这些问题只是我们当前所能想到的，它们极有可能只是读者在利用本书时将会碰到的问题中的一部分；如果读者在利用本书的过程中，还存在其他与本书内容相关的疑问，可以随时与我们取得联系。

针对"延伸阅读"需求的建议

任何一本书的内容和功能都是有限的,本书也不例外。虽然本书提出了合伙人应该不断修养自身的五项能力素质(职业价值观、业务能力、团队管理能力、沟通协作能力和学习能力),并给出了大量的相关观点与方法建议,但相对于提升这些能力素质过程中所涉及的广泛问题,本书给出的观点和方法建议依然是十分有限的。那么问题来了:在本书所论述的五项能力素质之外,读者将还应学习哪些知识以及如何学习呢?

针对读者们可能碰到的这类问题,奇榕咨询公司创办的"合伙人学社"网站(http//www.E9college.com)特地开辟了专门的频道,用以与读者互动交流。该频道不仅针对读者提出的有代表性的问题进行解答,还包含其他读者的学习经验与观点分享,并且还将不定期推荐相关文章和图书信息。读者若在阅读本书的过程中有相关疑问,可以通过该网站或"合伙人学社"微信公众号(文末附有二维码)与本书作者进行直接互动。

针对"不习惯读书者"的建议

并不是每一位合伙人都擅长或习惯于高效率地读书。现实中,拿起书本来就想睡觉的大有人在,这不是因为他们不爱好或拒绝学习，而仅仅是因为他们不习惯于阅读。

针对那些希望学习本书的观点和方法，却又不习惯于自主阅读的合伙人，我们建议他们浏览"合伙人学社"直接学习相关在线视音频课程。

针对"集体性学习"的建议

我们相信，有许多企业会组织合伙人集体学习本书，甚至还会有一些合伙人试图利用本书的观点和方法来影响其下属（非合伙人）。对此，我们建议组织者采用PPT辅助教学的方法来传授本书的观点和方法，因为这样做的学习效率会大幅度提高。

但是，将本书的观点和方法转化为PPT辅助教学，必然需要花费相当的时间和精力。为了提高他们制作PPT的效率，并确保教学内容安排更趋合理，我们建议有这类需求的读者朋友们，可以浏览并借鉴"合伙人学社"网站相关视频课程的结构与内容安排，也可以邀请奇榕咨询公司的专家/培训师前往分享相关课程。

需要再次强调的是，在组织集体学习本书的过程中，所有人都应避免运用本书的评估工具对任何其他人实施"他评"。这样做的话，极有可能会导致误判（因为我们并没有在本书中给出实施"他评"的方法与工具），并因此有可能对被评估对象造成一定程度的伤害；我们撰写本书的全部意图，是为了启发每一位合伙人进行自我思考与修养，实践证明，这样做远比通过给他们"贴标签"来促使其进步/上进的效果更好。

针对"管理问题"的建议

企业中的高层级合伙人（包括老板）务必认识到，让每一位参与事业合伙的人们进行自我修养是很有必要的，但并不是充分的。合伙人的有效成长，既需要有来自合伙人内在的"高度自觉"，更需要有来自组织的"积极干预"；只有这两种力量相互促进，才能真正有效地确保每一位合伙人的能力素质建设达到组织的要求。

关于合伙人为什么应该提升五项能力素质以及如何提升，我们相信本书已经把道理讲清楚了，把方法说明白了。现在的问题是，如果一家公司的合伙人制度及配套管理方案在设计上存在缺陷，那么本书所讲的道理和方法便不能发挥其最大化的效用。

我们想要说的是，如果有哪家公司在要求其合伙人学习本书，而其合伙人的学习热情并不高时，那么很可能是因为该公司的合伙人制度及配套管理方案存在某些缺陷。在这种情况下，该公司就很有必要来对其合伙人制度及配套管理方案进行优化设计（不得不说：任何制度和管理方案都不可能是一蹴而就、完美无缺的，在实践中不断改进或优化既定制度和管理方案，是符合普遍规律的正确做法）。对此，我们的建议是，如果有公司碰到这类问题，可以有两种解决问题的途径：一是阅读"合伙人三部曲"的另外两部著作《合伙人制度顶层设计》《合伙人的管理与培养》，二是通过"合伙人学社"来寻求解决方案。

扫描二维码进入"合伙人学社"